E. Zwierlein
Die Lust des Auges

E. Zwierlein

Die Lust des Auges
– Über massenmediale Scheinwelten

Schwengeler-Verlag
CH-9442 Berneck

CIP-Titelaufnahme der Deutschen Bibliothek

Zwierlein, Eduard:
Die Lust des Auges: über die Wirkungen massenmedialer
Schweinwelten/Eduard Zwierlein. –
Berneck/Schweiz: Schwengeler 1990

(Reihe «Zeitzünder»; Nr. 79903)
ISBN 3-85666-732-6

NE: GT

ISBN-Nr. 3-85666-732-6

Reihe «Zeitzünder»
Buch-Nr. 2814

© 1990 by Schwengeler-Verlag, CH-9442 Berneck

Gestaltung und Gesamtherstellung:
Cicero-Studio am Rosenberg, CH-9442 Berneck

Inhalt

Vorwort

Ich muß den Leser warnen. Das Buch, das er in Händen hält, ist durchaus einseitig; ein «ausgewogenes» Buch wäre doppelt so umfangreich geworden. Einseitig ist das Buch deshalb, weil es die «negativen» Seiten vor allem der Bildmedien besonders im Blick hat und die «positiven» vernachlässigt. Selbst der leidenschaftlichste Kritiker des Fernsehers wird ihm einen gewissen Wert bescheinigen, etwa einen dekorativen Wert oder den praktischen Nutzen, daß man etwas auf ihm abstellen kann. Ich muß also freimütig bekennen, daß Einseitigkeit nicht nur Prägnanz oder Verdeutlichung, sondern auch ein Stück weit Ungerechtigkeit bedeutet, Unausgewogenheit also, aber nicht Unrichtigkeit, hoffe ich. Vor allem aber hoffe ich, daß es mir nicht wie Kassandra ergeht, deren Rufe in den Wind geschlagen und mißachtet werden.

Nun wird in der vorliegenden Medienanalyse trotz redlicher Bemühungen nicht immer das Wahre oder Richtige getroffen sein. Das ist bei einer so komplexen Materie auch nicht anders zu erwarten und erfordert in jedem Fall das kritische Mitdenken des Lesers. Insofern unterscheidet sich dieses Buch natürlich doch von Kassandras stets wahren Prophezeiungen. Vielleicht bleibt aus diesem Grund dem Autor allerdings auch ihr trauriges Schicksal erspart: Kassandra wurde nach der Zerstörung Trojas geschändet und später ermordet. Dieses Buch jedenfalls beschäftigt sich mit den Gefahren des Medienkonsums, das heißt der visuell-akustischen Medien (das Wort «Medien» hat in diesem Buch in der Regel die Bedeutung «visuell-akustische Medien»), insbesondere des Fernsehens, und legt sein Augenmerk vor allem auf die Auswirkungen des Medienkonsums, auf die Innenwelt des Zuschauers und seine Wahrnehmung der Mit- und Außenwelt.

Damit komme ich bereits auf das besondere Anliegen dieses Buches zu sprechen. Es ist mein Wunsch, die Bildmedien im epochenpsychologischen Klima unserer Zeit auf ihre kulturellen und anthropologischen Wirkungen hin zu befragen. Dabei habe ich versucht, ohne allzugroßen terminologischen Aufwand und ohne wissenschaftlichen Apparat Aspekte zum Thema zusammenzutragen, die den Leser zum Nachdenken anregen können. Einige Fachbegriffe, die ich für unverzichtbar hielt, sind im Text selbst erläutert. Die Literatur, mit der ich mich zum Thema besonders auseinandergesetzt habe und der ich wichtige Anregungen verdanke, habe ich am Ende des Buches verzeichnet, um sowohl der Redlichkeit zu genügen als auch zum Weiterlesen zu ermuntern.

Kapitel 1

Zur Lage der Gegenwart

«Die vier Kränkungen»

Im Anschluß an Sigmund Freud spricht man gelegentlich von «Kränkungen der menschlichen Eigenliebe», die auf nützliche Weise Licht auf die gegenwärtige Lage unserer Kultur werfen können. Dabei müssen wir uns daran erinnern, daß die Grundfrage der Anthropologie lautet: Wer ist der Mensch? Diese Frage hat sich der Mensch auf verschiedenste Art zu beantworten versucht. Ist der Mensch das Wesen, das im Ebenbilde Gottes geschaffen ist, ein Wesen, das Vernunft hat, das Geist besitzt, das der Liebe fähig ist, das Sinn sucht, Werten folgt, ein Wesen, das weltoffen ist, sich selbst beobachten und sich in andere hineinversetzen kann, das instinktungebunden ein handelndes Wesen ist, das sich Kultur schafft usw.?

Wer ist der Mensch? Indem der Mensch auf diese Frage antwortet, tut er etwas Merkwürdiges: er *bestimmt* sich auf doppelte Weise. Einerseits versucht er zu sagen, wer er «ist». Er beschreibt sich also und nimmt eine Bestandesaufnahme vor. Aber jeder, der den Menschen nicht nur von außen beschreibt und wie eine Pflanze bestimmt, der weiß aus eigener Erfahrung, daß der Mensch nicht nur «ist», sondern «wird». Der Mensch ist keineswegs «fertig» oder «abgeschlossen», sondern er ist «unterwegs». Wenn der Mensch darum nach seiner «Bestimmung» fragt, erkennt er stets zugleich, daß er sich aufgegeben ist. Er ist eine Aufgabe, etwas, das wächst und gestaltet werden muß. Der Mensch ist ein Wesen, das seine Berufung als Mensch zu erkennen sucht. Der Mensch also, der nach sich selbst fragt, antwortet nicht nur auf eine Frage, sondern verantwortet sich auch als Aufgabe.

Das kann auch kaum anders sein. Ein Mensch, der sich über sich zu orientieren sucht, gibt sich mit jeder Orientierung zugleich ein Stückchen Antwort darauf, wer er ist, wer er sein

9

kann, und wer er sein soll. Wenn wir nun die «vier Kränkungen» des Menschen betrachten, dann begegnen wir Versuchen des neuzeitlichen und modernen Menschen, sich zu *orientieren*. «Kränkend» wirken diese Orientierungsversuche offensichtlich im Hinblick auf das, was bis zum Eintritt der Kränkungen den Menschen selbstverständlich Halt gegeben hatte. Dieses Selbstverständliche wird durch die Kränkung irritiert, revolutioniert und in eine Krise gestürzt, bis das neue Selbstverständnis das alte Selbstverständliche abgelöst und ersetzt hat.

Wir können hier wohl kaum darüber diskutieren, ob die sogenannten Kränkungen sachlich angemessene Lösungen von Problemen sind. Dafür müßte man in eine andere Debatte eintreten. Uns interessiert hier nur der Umstand, daß die mit diesen Kränkungen ausgedrückten Interpretationen des Menschen und seiner Stellung in der Welt einen maßgeblichen Einfluß auf das *Selbstverstehen* und *Selbsterfahren* der Gegenwart ausüben, so daß man sie als prägende Elemente des epochalen Klimas unserer Jetztzeit ansehen darf. Daß sie die Frage des Menschen nach sich selbst wirklich beantwortet oder auch nur beruhigt hätten, ist allerdings nach alledem, was erkennbar ist, mehr als zweifelhaft.

Die *kopernikanische Kränkung* ist die Antwort auf das geozentrische Weltbild. Im Verständnis des Geozentrismus steht die Erde im Mittelpunkt eines um sie herum angelegten wohlgeordneten Kosmos. Der Ort also, wo der Mensch lebt, ist Teil, und zwar zentraler Teil, einer größeren Harmonie, in deren große Ordnung er sich eingebettet fühlt. Der Schock der kopernikanischen Revolution besteht im Endeffekt darin, daß er aus der Erde als dem ruhenden Mittelpunkt der Welt ein unbedeutendes Sandkorn in den unendlich scheinenden Räumen eines schweigenden Universums macht. Diese Deutung der Stellung der Erde im All hat fraglos auch Auswirkungen auf das Selbstverständnis ihrer Bewohner. Bedeutungs- und Ortlosigkeit können zum Bestandteil der Selbstauffassung der Menschen werden, die sich als «Zigeuner des Weltalls» bezeichnen.

Die *darwinische Kränkung* behauptet in ihrer moderatesten Version, daß der Mensch nicht unmittelbar im und zum Ebenbilde Gottes geschaffen worden ist, sondern auf eine lange tierische Ahnenreihe zurückblicken kann. Wenigstens insofern der Mensch Leib ist, hat er das Animalische, das Tierhafte undistanzierbar bei sich. Wir wissen allerdings, daß die darwinische Kränkung nicht bei dieser Minimalbehauptung stehengeblieben ist. Je mehr die Evolutionstheorie zum universalen und exklusiven Erklärungsparadigma, also zum Evolutionismus geworden ist, desto mehr hat sie mit ihrem wissenschaftlichen Deutungsmonopol alle Besonderheiten zu nivellieren versucht: die Entstehung des Lebens soll durch Selbstorganisationstheorien toter Materie erklärt, die Vernunft/der Geist des Menschen soll durch eine evolutionäre Erkenntnistheorie gedeutet und sittliches Verhalten und Ethik soll mit Hilfe der Soziobiologie aus tierischem Verhalten abgeleitet werden. Schließlich wird die «Krone der Schöpfung» zum Zufallsprodukt einer im Grunde sinn- und ziellosen Evolution. – Dem ist natürlich mit starken Gründen widersprochen worden. Wir wollen aber noch einmal daran erinnern, daß wir hierüber keine Sachdebatte führen, sondern das dominierende Klima des Zeitgeistes charakterisieren möchten.

Die dritte Kränkung ist die *freudianische Kränkung*, die wir mit den Worten Freuds so beschreiben können, daß das Ich nicht mehr Herr im eigenen Hause ist. Der stolze, selbstbewußte Mensch, der sich für ein vernünftig handelndes Wesen hält, muß erfahren, daß es geheime, nur schwer durchschaubare Triebe, Tendenzen, Affekte, verdrängte Erlebnisse usw. gibt, die hinter seinem Rücken agieren und ihn mehr beeinflussen, als er dies gerne hätte. Der Mensch entdeckt sozusagen den dunklen Keller seines Unbewußten, in dem sich Dinge abspielen, die er kaum erkennen, geschweige denn kontrollieren kann: seine Souveränität, seine Selbstsicherheit und Selbstbewußtheit wird erschüttert.

Über die vierte Kränkung kann man sich streiten, und sicherlich wird es mehr als nur gerade vier Kränkungen geben. Die Beschränkung auf bedeutende Ereignisse hat allerdings den erfreulichen Vorteil, daß man sich besser orientieren kann, indem man sich eine Art Landkarte der Kultur mit markanten Stellen vergegenwärtigt. Als vierte Kränkung könnte man daher die *kybernetische Kränkung* oder die Kränkung durch die *künstliche*

Intelligenz bezeichnen. Sie besagt, daß sich der Mensch als ein Wesen, das versteht, denkt, weiß usw. von einem «intelligenten» Computer nicht qualitativ, sondern nur durch den Grad der Komplexität unterscheidet. Dieser bloß graduelle Unterschied bedeutet eine Vermenschlichung der Maschine bzw. eine Maschinisierung des Menschen und läßt ein zäsurfreies Mensch-Maschine-Kontinuum entstehen. Mit diesem Gedanken soll auch ausgedrückt werden, daß Computer in einem nichtmetaphorischen, also in einem buchstäblichen Sinne «denken», «verstehen» oder «Überzeugungen haben» können.

Wenn man diese vier Kränkungen noch einmal der Reihe nach in ihrer geschichtlichen Abfolge betrachtet, kann man sehen, daß die Rückzugspositionen des Menschen immer kleiner, die Demontage oder «Verletzungen» immer größer beziehungsweise intimer werden. Sie gehen vom äußeren Haus des Menschen, der Erde, zu seiner biologischen Abstammung, von dieser zur psychologischen Dimension seiner komplizierten Seele bis mitten hinein in das Herz seines Geistes zu den Fragen von Denken und Verstehen. Dabei ersetzen sich die einzelnen Kränkungen allerdings nicht, sondern ergänzen sich gegenseitig zu einem Weltbild oder – epochenpsychologisch – zu einem *Grundgefühl der Gegenwart.* Jeder, der in diese Gegenwart hineingeboren wird, wird zunächst unwillkürlich von dieser Stimmung und dem entsprechenden Welt- und Selbstverständnis beeinflußt und geprägt. Denn diese Deutungen und die Grundstimmung sind nahezu in jeder Botschaft (in Wörtern genauso wie in Überzeugungen, im Kino genauso wie in der Schule usw.) auf die eine oder andere Weise versteckt oder offenbar gegenwärtig.

Ein Beispiel aus der Sprache mag das illustrieren. Vor Freud ist das Wort «verdrängen» sicher nicht, jedenfalls kaum psychoanalytisch, verwendet worden. Vielleicht hat man gesagt, ein Volk verdränge das andere, oder man hat von «Wasserverdrängung» gesprochen. Daß man aber problematische Triebwünsche durch Verdrängung abwehrt und damit zu einem komplizierten Eigenleben im Unbewußten bringt, ist eine wirkungsvolle Neufassung des Wortes «Verdrängung», das heute jede Zeitschrift in ihrem psychologischen Beratungsteil verwendet.

Ähnlich folgenreich könnte es werden, wenn Menschen sich als «programmiert» beschreiben. Was eine Zeitlang mit Augenzwinkern benutzt wird, lagert sich allmählich zu einem festen Bestandteil der Selbstwahrnehmung und Selbstbeschreibung ein. Es entstehen *Einstellungen*. Die gesamte Werbung, jedwede Propaganda arbeitet mit diesem allmählichen Einmontieren von Einstellungen. Was dort gezielt und systematisch geschieht, wickelt der Zeitgeist einer Epoche langsamer, aber keineswegs wirkungsloser ab. Die hierbei entstandene Sprache, alle Zeichen, in denen sich der Mensch ausdrückt, spiegeln den Zustand der kulturellen Verfassung und prägen diejenigen, die in sie hineingeboren werden. Die Sprache führt eine meist unbemerkte Welt- und Selbstdeutung mit sich. Die Sprache ist ein Netz, das wir über die Welt werfen und in dem wir sie einfangen. Je nachdem, wie dieses Netz gewebt ist und wie groß seine Maschen sind, so wird auch der Fang aussehen, den wir mit ihm machen werden. Und im Unterschied zu gewöhnlichen Netzen ist die Sprache ein Netz von solcher Größe und Macht, daß selbst der Fischer in ihm zappelt.

Desorientierung und Sinnkrise

Die Kulturkrise der Gegenwart spiegelt den Umstand, daß die Menschheit entsichert, fragwürdig und erschüttert ist.

Der Mensch ist *entsichert,* weil er die traditionellen Ordnungsvorstellungen, Leitbilder und Sinnstiftungen beispielsweise der mittelalterlichen Ordnungsharmonie, der aufklärerisch-selbstbewußten Vernunft oder des wissenschaftlichen Fortschrittsglaubens verloren hat.

Er ist *fragwürdig* geworden, weil das vielfältige fragmentarische Wissen über den Menschen, das sich in den Wissenschaften anhäuft, keine Antwort auf seine dringlichsten Fragen zu geben scheint: Woher komme und wohin gehe ich? Was soll ich tun? Was darf ich hoffen? Wer bin ich eigentlich?

Er ist *erschüttert,* weil die ersten globalen Menschheitsanstrengungen, die ersten ernsthaft so zu nennenden weltumspannenden Aktionen der Menschenfamilie katastrophale Kriege, Weltkriege waren, die neben unendlich viel Blut und Tränen auch eine Zermürbung von Anstand und Sitte hervorgerufen haben.

Eine derart entsicherte, erschütterte und fragwürdig gewordene Menschheit steht in einer umfassenden «Identitätskrise»: der Mensch weiß nicht mehr, was und wer er ist. Er ist eine große, beunruhigte Frage, die Antworten mit handlungsorientierender, sinnstiftender und identitätssichernder Kraft sucht.

Epochenschwelle

Man kann sich gut vorstellen, daß ein durch die genannten Kränkungen und Desorientierungen erzeugtes Lebensgrundgefühl einen hervorragenden Nährboden für einen *Epochenumbruch* abgibt. Und in der Tat gebärdet sich unsere Zeit genau so, als wäre sie schwanger und müßte gebären. Moderne, Postmoderne, Transmoderne, Supermoderne, New Age, Apokalyptik usw. gehören zu den Signaturen einer Zeit, die nicht mehr weiß, was sie ist, und noch nicht weiß, was sie sein kann und soll.

Die fragende Welt sucht Antworten und hat sie auch bitter nötig. Denn im Zentrum ihrer Aufmerksamkeit stehen gigantische Gefahrenpotentiale: die zu einem großen Teil unbeherrschbar gewordenen Nebenwirkungen des wissenschaftlich-technischen Fortschritts, die wir als *ökologische Katastrophe* bezeichnen; die Möglichkeit eines atomaren Holocausts; die mehr und mehr auseinanderklaffende Schere armer und reicher Länder. Diese und andere *Megaprobleme* sind Grund von tiefer Angst und Sorge und stehen als Überlebensfragen vor unseren Augen.

Die vorangegangenen Bemerkungen machen eines ganz deutlich: der Mensch der Gegenwart ist, wie nie eine Generation zuvor, entsichert und auf Orientierung verwiesen. Wo er keine glaubwürdigen Richtlinien mehr für sein Denken und Handeln finden kann, wird er kaum in der Desorientierung verharren, sondern seine Lage betäuben oder zerstreuen. Die *Medien* nun, insbesondere die Bildmedien und hier wiederum das Fernsehen, sind auf hervorragende Weise dazu geeignet, alle Mechanismen der (heimlichen) Orientierung, Narkotisierung und Zerstreuung auf perfekte Weise zu leisten. Sie greifen intensiv in das menschliche Innen- und Sozialleben ein und formen es um. Die

14

ablenkende, zerstreuend-unterhaltende und orientierend-einstellende Leistungskraft der Medien ist zu einer kaum mehr zu unterschätzenden Manipulationsmacht und zu einem indirekten Reflex auf die problematische Gegenwartslage der Menschen geworden. Der Medienkonsum ist wie ein Fieberthermometer am kranken Körper unserer Zeit.

Kapitel 2
Fernsehkonsum

Unter dem Stichwort «Fernsehkonsum» sollen zwei Punkte kurz zur Sprache kommen: *Zeitaufwand* und *konsumierte Themen*.

Als konservativ geschätzte Faustregel kann gelten: der durchschnittliche deutsche Fernsehzuschauer schläft 3000, arbeitet 2000 und sieht fern 1000 Stunden pro Jahr. Die Zahlen dürften nach oben zu korrigieren sein, wenn man von Europa weg auf die USA und Japan schaut. Neben einer allmählichen Angleichungstendenz europäischer Verhältnisse an die amerikanischen wird sich der Fernsehkonsum wohl auch durch wachsende Freizeit und weitere TV-Anbieter noch steigern.

Für ein Menschenleben ergibt sich von den genannten Zahlen als grobe Kalkulation, daß wir mehr als 60 000 Stunden, also rund 7 Jahre oder 2500 Tage unseres kurzen Lebens rund um die Uhr vor dem Fernseher verbracht haben werden. Dieser Verfallenheitsquotient des Durchschnittsfernsehers berechtigt in einem ernsthaften Sinne, von einer TV-Generation zu sprechen. In diesem Begriff deutet sich die *Verschwendungsbereitschaft* kostbarer, knapper Lebenszeit an. Sie hat ohne Zweifel mit der diagnostizierten Gegenwartslage zu tun, die die Menschen zur Flucht in die *Zerstreuung* geradezu auffordert. Sie ist ohne Zweifel auch Reflex auf die Stimmung der Absurdität, die man sich vor sich selbst durch ein schier endloses Angebot illusionärer Bilder verbirgt. Dennoch reichen diese Erklärungsversuche nicht aus, die enorme Konsumbereitschaft völlig verständlich zu machen. Wir werden auf diesen Punkt später noch zurückkommen.

Etwa 7 Jahre des Lebens rund um die Uhr Fernsehkonsum. Und was wird in dieser Zeit an Themen konsumiert? Die öffentlich-rechtlichen Rundfunkanstalten versuchen hier noch ein wenig Augenmaß und Ausgewogenheit walten zu lassen. Aber die Privatsender scheinen sich einer immer größeren Zuschauerresonanz zu erfreuen, so daß sie über kurz oder lang zum allgemeinen Fernseh-Modell werden dürften. Man kann sich die langfristige Tendenz in der Fernsehlandschaft sehr schön am Videomarkt deutlich machen. Denn hier kann sich wie auf einem freien Markt das ungebremste Interesse der Zuschauer sozusagen ein bewußt zusammengestelltes Privatfernsehen schaffen, ein potenziertes Fernsehen in der Regie des Zuschauers.

Der Bereich der *Unterhaltung* schlägt dabei jenen der Aus- und Weiterbildung als unbedeutendes Anhängsel kurzerhand aus dem Feld. Im Unterhaltungssektor selbst wird die Riege von Action-, Kriegs-, Horror- und Pornofilmen angeführt, gefolgt von Abenteuerfilmen, Western und Krimis, erotischen Filmen, Komödien, Musikfilmen etc. Thematisch dominieren diese Inhalte zusammen mit Show, Quiz, Talk und Sport in den Bildmedien überhaupt.

Wenn wir den Blick auf den Aspekt der *Informationsvermittlung* richten, so ist auch hier der unterhaltende Charakter auf besondere Weise wirksam. Die beste Information ist die sensationelle Information. Sie muß von höchster Aktualität sein und damit die Neugier auf Neuigkeiten befriedigen. Sie muß, besonders im Sport, von Höchst- und Extremleistungen, von Rekorden berichten. Sensationelle Information soll die Katastrophe, den Krieg, das Erdbeben, den Flugzeugabsturz, den Massenauffahrunfall usw. in dramatischen, packenden, erschütternden Bildern präsentieren, nicht zuletzt um den Voyeurismus des Konsumenten zu befriedigen. Und hier gibt es leider das groteske Phänomen, das man sehr gut von den opulenten römischen Gelagen her kennt: der Überfütterte tritt vor das Haus und um die Ecke und entledigt sich der genossenen Speisen, indem er sich mit einem Gänsekiel kitzelt. Derart erleichtert, kann er sich dann weiterer Völlerei widmen. Ähnlich gilt es beim Fernsehen, wie bei allen elektronischen Bildmedien, die Gefahr der Verrohung, Abstumpfung und Übersättigung zu beachten. Um den Kitzel aufrechtzuerhalten, wird die Dosis weiter gesteigert; denn man muß ja immer lauter schreien, je mehr die Ohren taub werden.

Schließlich ist für das Fernsehen als *Theater der Emotionen* selbst im informativen Bereich die Prominenz unverzichtbar.

Man sagt, daß vielleicht 3 Prozent der Bevölkerung zu den «Knowns», den Prominenten und Bekannten gehören, aber mehr als 75 Prozent aller Nachrichten erhalten, während die «Unknowns» nur dann eine Information wert scheinen, wenn sie in einem dramatischen oder katastrophalen Kontext auftauchen. Die Vorliebe für die Prominenz wird sich wahrscheinlich aus vielen Ursachen ableiten. Zwei wichtige von ihnen dürften wohl Häme und Partizipationsglorie sein. Häme, wenn man entdecken kann, daß es «denen da oben» auch nicht viel besser oder anders ergeht als dem «Jedermann». Partizipationsglorie, weil der Einblick in jene Welt der Prominenz so etwas wie eine kleine Form der Teilhabe suggeriert: ein winziges Stück Glanz scheint auch in die alltägliche Tristesse der «einfachen Leute» zu fallen.

Kapitel 3

Wie funktioniert Fernsehen?

Das Medium als Botschaft

Der in den letzten Jahren insbesondere von Neil Postman wieder leidenschaftlich in Erinnerung gebrachte Gedanke, daß das Medium die Botschaft sei, ist von grundsätzlicher Bedeutung. Ein Medium ist ein «Mittleres», ein «Dazwischen» zwischen uns und der Welt. Das Medium vermittelt uns die Welt und macht sie uns zugänglich. Aber jeder «Zugang» erschließt die Welt auf verschiedene Weise. Man kann auch sagen, daß das jeweilige Medium eine *bestimmte Perspektive* eröffnet. Das Medium ist darum auch nicht gleichgültig für die Wahrnehmung und das Verständnis der Welt, sondern selbst schon so etwas wie eine kleine oder auch größere *Weltsicht*. Man könnte Medien daher als Filter, Brillen oder Netze verstehen, die nur bestimmte Aspekte einfangen können.

Die einfachsten, aber im Grunde schon höchst komplizierten Medien, die jeder kennt, sind unsere Sinnesorgane. Sie vermitteln uns ein Bild der Welt, von der wir z.B. im Bereich der Farben oder Töne sagen, daß bestimmte Tiere aufgrund ihrer Sinnesorgane eine von uns verschiedene Welt haben. Auch Überzeugungen und Denkweisen sind in diesem Sinn Medien. Sie erhellen einen Teil der Welt und blenden anderes aus. Ein streng «wissenschaftlicher» Blick auf einen beliebigen Menschen könnte vielleicht sagen, daß da eine Fleischmaschine zu analysieren sei, die aus verhältnismäßig wertlosen Substanzen aufgebaut ist. Ein Blick der Liebe würde dieselbe Person als genau diejenige bezeichnen, die einzigartig und unaustauschbar wertvoll sei und die sie sich aus allen als ihren «Schatz» herausgewählt habe usw.

Medien, die uns die Welt vermitteln, sind völlig unvermeidbar. Ein verantwortungsvoller Gebrauch der Medien schließt allerdings eine aufmerksame Beobachtung ihrer *Leistungsgrenzen* und *Zuständigkeitsbereiche* ein. Vor allem ist es unbedingt erforderlich, eine Facette durch andere zu «ergänzen», um sich – wie man zutreffend sagt – ein vollständigeres Bild zu machen. Kein Medium darf ein absolutes *Deutungsmonopol* haben und unsere Weltsicht beherrschen.

Wenn man nun vom Fernsehen sagt, es sei ein Medium, und dieses Medium enthalte als Medium bereits eine Botschaft, dann will man also nicht nur sagen, daß es uns vorzugsweise bestimmte Themen anbietet, sondern daß es es uns diese Themen auf bestimmte Art und Weise anbieten wird beziehungsweise gerade weil es eine bestimmte Art der Weltsicht bevorzugt, auch bestimmte Themen bevorzugt. «Die Form bestimmt bereits den Inhalt.» Ein Fischernetz mit einer Maschengröße von 2x2 cm wird nur solche Fische fangen, die größer sind als die Maschengröße: seine Form wird den Fanginhalt bestimmen.

Das ideale Fernsehereignis

Wenn wir sagten, daß das Medium in gewisser Weise die Botschaft ist, dann haben wir darauf hinweisen wollen, daß es bestimmte medienspezifische Formgesetze besitzt, die von sich aus bestimmte Inhalte favorisieren. Das *ideale Fernsehereignis*, das sich allein an der Struktur des Mediums Fernsehen ausrichten würde, wäre als ein kurzes, tendenziell nonverbales, visualisierbares, dramatisches, schnell wechselndes, farbiges, musikalisch unterstützbares Ereignis für den «Augen-Blick» zu charakterisieren.

Es ist völlig klar, daß das Wachsen eines Grashalmes oder das Kriechen einer Schnecke, ungekürzt gezeigt, das reine Entsetzen bei jedem «Fernsehmacher» auslösen muß. Dem Problem ist aber bekanntlich abgeholfen: durch das Zeitrafferverfahren. Das Ruhige ist, wenn es nicht begrenztes Kontrastmittel ist, für das Fernsehen langweilig. Dann könnte man sich auch ein stehendes Bild anschauen. Daß damit bestimmte Inhalte bevorzugt werden, muß wohl kaum näher erläutert werden. Natürlich eignet sich die Darstellung des Heiligen, ein betender Mensch, eine Meditation usw. nicht so gut als ideales Fernsehereignis wie ein dramatischer Krimi mit schnell wechselnden Aktionen, Blut, Leidenschaft, visualisierbaren Emotionen, Handlungen, Tempo etc. Natürlich lassen sich Gewalt, Prügel, Terror, Schießerei, Raub, Folter, Qual oder Krieg viel besser darstellen als Frieden, Stille oder Gelassenheit. Frieden ist nun einmal nicht in mitreißenden und an Höhepunkten orientierten Bildern gut darstellbar. Er ist eigentlich kein fernsehgerechtes Ereignis.

Allerdings geht selbst dem Fernsehen manches zu schnell. Darum wird etwa der Flügelschlag eines Kolibris gern in Zeitlupe festgehalten. Noch lieber allerdings scheint man das Entsetzliche und Grauenerregende in eine atemlos machende, fast physische Schmerzen erzeugende Bildsequenz zu zerdehnen: der tödliche Messerstich, der fallende Körper, der verunglückte Rennwagen, alles in epischer Breite, fasziniert von jedem schauderhaften Detail.

Mit Blick auf diese Strukturlogik oder Mitteilungsform des Mediums, das tendenziell ein sozusagen ideales Fernsehereignis bevorzugt und mit Prominenz, Katastrophen, Aktuellem, Rekorden usw. garniert, ist das Fernsehen eigentlich der ideale Ort der *Werbung*. Und Werbung wird auch oft als allgemeines Modell betrachtet, wie man sowohl Serien als auch Politik und Nachrichten verkaufen soll. Im weitesten Sinne ist das Fernseh-Medium eine Unterhaltungsmaschine und das mediengerechte Ereignis eben darum auch Unterhaltung, Vergnügung, Ablenkung, Zerstreuung, Entertainment, Show und Spannung.

Kapitel 4

Was bewirkt Fernsehen?

Tagesordnungsfunktion

Die Lebenswoche ist Medienwoche oder – wie wir hier einge-
schränkter sagen wollen – Fernsehwoche. Für die Tage und Wo-
chen übernimmt das Fernsehen eine *Tagesordnungsfunktion*,
das heißt eine Strukturierung des Alltagsablaufs. Wer eine Fern-
sehzeitung in die Hand nimmt, dem wird damit in gewisser
Weise eine Zeitstrukturierung und Planung seiner Freizeitgewohnheiten in Abstimmung und mit Rücksicht auf das Fernsehprogramm vorgeschlagen. Diese Abstimmung ist derart wir-
kungsvoll, daß das Programmdenken mühelos in das alltägliche
Selbstverständnis aufgenommen wird: «Was haben wir denn
heute auf dem Programm?!». (Das «Tagesprogramm» als «Agen-
da-Setting».)
  Der Medienmensch ist angehalten, seine freie Zeit möglichst
intensiv durch das Fernsehen oder wenigstens doch in bezug auf
es zu gestalten. Das Fernsehen wird hier zum Führer durch den
Tag, eine Art Reiseleiter, der uns die «Sehenswürdigkeiten» dieses Tages und dieser Woche empfiehlt. Unser Tag, unsere Woche, unsere Freizeit ordnet sich unter der Hand im Bann der
Medienvorgaben. Das Leben des Medienmenschen wird *me-
dienspezifisch organisiert*.

Lebensweltstrukturierung und Welterzeugungsmaschine

Der zeitlich-thematischen Tagesordnungsfunktion tritt die
Strukturierung des Lebensraumes nahtlos zur Seite. Das Fernsehen als Mittelpunkt der häuslichen Medienzentrale verändert
die Wohnmöbellandschaft radikal. Die Möbelindustrie ent-
wirft Varianten für jeden Geschmack, reine Fernsehräume werden eingerichtet, selbst bis in die Intimsphäre des Schlafzim-

mers wagt sich das Zweit- oder Drittgerät vor. Insgesamt kann man von dem Hausaltärchen «Fernsehen» sagen, daß man es in zentralen Räumen an zentralen Plätzen findet, nicht selten vor den Wänden und Ecken, wo früher einmal ein Kruzifix hing.

Fernsehen strukturiert allerdings nicht nur unseren Lebensraum, unsere Lebensverhältnisse oder unseren Tagesablauf und unsere Freizeitgewohnheiten. Viel ernster: es *strukturiert unsere Innenwelt* und damit das Erleben und Wahrnehmen der eigenen Innen-, der Sozial- und Außenwelt. Das Fernsehen bevorzugt kraft seiner Strukturlogik bestimmte Themen und Darbietungsweisen. Darüberhinaus organisiert es seinen Empfangsraum und plant unsere Zeit. Die Verpflanzung der Medienperspektive in unsere Köpfe macht die spezifische Medienoptik zum Weltbildfilter. Durch seine selektive und strukturierende Kraft ist das Fernsehen in der Lage, seine spezifische Sicht von Wahrheit und Wirklichkeit in die Köpfe der Zuschauer hineinzutragen, indem es sie mit einem endlosen Strom von Medienbildern immer wieder «einprägt». Das Medium wird zum Fenster in die Welt, seine Formgesetze zur Brille für unsere «Weltanschauung». Als *Welterzeugungsmaschine* läßt es wie ein Torhüter nur ganz bestimmte, geeignete Informationen durch (selektive Maschine), als «spotlight»-Medium richtet es unsere Aufmerksamkeit nur auf spezifische Punkte (Scheinwerfereffekt), und als ein solcher Weltfilter diktiert es uns die Themen, ist also Lieferant dessen, worüber wir sprechen und wie wir darüber sprechen sollen.

Diesem Umstand haben wir es nicht unwesentlich zu verdanken, daß der Begriff der *öffentlichen Meinung* eine gewaltige Transformation erfahren hat. Als Produkt der Aufklärung hat sich die «öffentliche Meinung» stets als allgemeiner Volkswille verstehen können, der sich einerseits von der Privatmeinung abheben wollte und sich andererseits als Resultat von Argumenten, also Meinungskämpfen, verstand. Heute scheint der Begriff der öffentlichen Meinung eher die labile, ständig Schwankungen ausgesetzte Stimmungs- und Gefühlslage zu sein, die die Massenmedien erzeugen, steuern und benutzen. Meinungsmacher erzeugen ein statistisches Gespenst mit normativem Charakter, um Ahnungslose durch *hergestellte Öffentlichkeit* und publizistisch aufbereitete Meinung zu dirigieren. Das Geschrei der Gasse, die Straße wird zur maßgeblichen Wirklichkeit, der sogenannte «Mann von der Straße» zum maßgeblichen Menschen erhoben, wobei aber niemandem verraten wird, daß der Mann von der Straße nicht selbst spricht, sondern daß oft genug nur Marionetten die Propagandaparolen einflußreicher Drahtzieher aufsagen. Auch hier gilt die fast aphorismenartige Weisheit, daß die veröffentlichte Meinung die Wiedergabe der herrschenden Meinung weniger ist, die von der großen Zahl der Masse geglaubt wird oder doch geglaubt werden soll.

Ernster Diskurs und wahre Information

Da dieses Buch nur die problematischen Seiten des Fernsehens, nicht seine vergnüglichen und unterhaltenden behandelt, für die es wie geschaffen erscheint, ist es besonders interessant zu sehen, wie es dem Ernsten im Medium des Vergnüglichen ergeht.

Ich möchte es einen geradezu tragischen Effekt der strukturellen und thematischen Logik des Fernsehens und seiner maßgeblichen Konsumentenwelt (der Masse) nennen, daß sie zu einer massiven Inflation des ernsten Diskursuniversums (Politik, Wirtschaft, Religion, Recht etc.) mit der *Superideologie des Amüsements* neigt. Auch das Ernste wird nun im Gewand der Unterhaltung und des Spiels geboten, damit es «mediengerecht» und «zuschaueradäquat» präsentiert und konsumiert werden kann. Auch der ernste Diskurs wird nunmehr wegen seines Unterhaltungswerts konsumiert und muß als Showbusiness verkauft werden. *Was* einer sagt, ist zweitrangig. *Wie* einer aussieht, wie er «wirkt», zählt: *Mache geht vor Sache.*

Die Inhalte sind dem Sog der Fernsehanpassung in breitem Maße ausgesetzt. Der Politiker tendiert dazu, Werbung für sich und seine Position zu machen: durch seine «Ausstrahlung» (einen mediengerechteren Begriff kann man sich kaum denken), durch den «Eindruck», den er hinterläßt, weniger durch die Sache, das Argument, den Inhalt als vielmehr durch die Art und Weise, wie er sich «geschlagen» hat. Auch das Fernsehen selbst tendiert zur Werbung, und zwar notwendigerweise zu einer dauernden Werbung mit jedem Film für sich selbst. Nun ist Werbung ein völlig normaler Bestandteil des Lebens, in dem jeder wirbt und umworben wird. Und niemand wird etwas gegen die rhetorische Faustregel sagen wollen, daß wir möglichst nicht nur das Gute, sondern das Gute gut sagen sollen.

Die Faustregel gibt uns jedoch bereits den Schlüssel zur Kritik an der Werbewelt des Fernsehens in die Hand. Gefährlich ist ja bereits die undurchschaubar raffiniert gewordene Werbung, die in den Händen des Expertenwissens von Bedürfnisingenieuren ausgeklügelt wurde und uns mit geradezu unwiderstehlicher Macht anlockt. Und in der Tat haben die Sirenengesänge der modernen Werbespezialisten ein derartiges Raffinement angenommen, daß sie vielfach faszinieren und Auge und Ohr bannen, so daß es kaum noch eine Odysseuslist des Entrinnens gibt. Der einzige Trost in dieser Lage ist, daß neben einer kritischen Immunisierung und der Hoffnung auf eine wirksame Werbeethik der Streit konkurrierender Werbemodelle noch anhält. Jedenfalls ist der freie Bürger für die Werbung eine Fiktion, ja sogar äußerst schädlich. Er soll vielmehr ganz in den Strudel von Bedarfsdeckung und Bedarfsweckung eintauchen, um als «freier Konsument» im immerwährenden Konsumrausch die Fremd- und Außensteuerung als lustvolles eigenes Wollen zu mißverstehen.

Bedenklich ist gleichfalls das sogenannte «product placement», also im Grunde genommen gesponserte Sendungen, in denen ein filmisches Sujet so aufbereitet wird, daß um eine leicht verdauliche Handlung herum Waren und Moden, Glamour und Glitter, also Pelze von X, Autos von Y, Musik, Schmuck, Kleider, Frisuren, Villen, Möbelstile, Armbanduhren, Parfüm, Accessoires usw. von Z verkauft werden. Wie der Fußballer häufig als lebende Litfaßsäule über den grünen Rasen läuft, so laufen hier Filme mit einmontierten Werbebildern ab. Diese amerikanische Methode des «glossy trash», des Hochglanz-Mülls, macht nicht nur aus Filmen lange Werbefilme, sondern überschwemmt alle, die von Beruf Zuschauer sind, mit geheimen Wertvorstellungen, Überzeugungen und Einstellungen.

Das Gute gut sagen, ist eben nicht identisch mit dem Versuch, dem anderen auf welchen Schleichwegen auch immer aufzudrängen, was man selbst für gut hält. Und schon gar nicht kommt eine schlechte sophistische Praxis der rhetorischen Faustregel nahe, die nur Wert darauf legt, gleichgültig, was sie sagt, es wenigstens gut zu sagen. Hier wird die Form gleichgültig gegenüber dem Inhalt.

Das Phänomen des idealen Fersehereignisses und die Tendenz zu einem entsprechenden generalisierten Werbemodell bestimmen das Fernsehen in zunehmendem Maße, vor allem die privaten Sender. Doch die öffentlichen Rundfunkanstalten werden wohl nachziehen («müssen»). Selbst Sendungen, die von vornherein auf wahre, wirklichkeitsgetreue Information angelegt sein sollten, etwa Nachrichtensendungen, werden von dem Modell des idealen Fernsehereignisses bestimmt. Nachrichten, das sind in der Regel Fragmente, fetzenartige Abrisse von Grauenerregendem, Furchtbarem, Peinlichem, Skandalen, Katastrophen, Entgleisungen, von Schlagzeilen eben. Fernsehwahr ist eine Information, wenn sie eine sensationelle Information ist. Und wenn es wahr ist, daß mehr als zwei Drittel der erwachsenen Bundesbürger das Fernsehen als ihre wichtigste politische Nachrichtenquelle ansehen, dann weiß man gar nicht zu entscheiden, ob einem mehr bange um die Bürger oder die Politik sein sollte.

Mit ihrer spezifischen Werbewelt aus der Medientube, gruppiert um das ideale Fernsehereignis, haben die Massenmedien, ich sage das zugegebenerweise sehr plakativ, das Prophetenwort vernommen und erfüllt, alle Täler hoch erhaben und alle Berge und Hügel tief, das Krumme grad und das Rauhe gleich zu machen. Zwar meinte der Prophet, dies sei eine göttliche Aufgabe. Aber die Massenmedien sind auf ihre Weise mit dieser theologischen Last fertiggeworden. In bezug auf ihre große Einebnungskraft hat sich selbst Nietzsche geirrt, als er meinte, daß nach zweihundert Jahren Zeitungen alle Wörter stinken. So lange hat es nicht gebraucht. Und heute stinken auch die Bilder.

Die Maschine in der Innenwelt

Der Kampf um den Zuschauer ist ein Kampf um seine Bewußtseinsplätze und die Räume seines Unbewußten. Millionen von Bildern sickern unaufhörlich in die Innenwelt des Zuschauers und manipulieren nicht zuerst einen besonderen Inhalt, sondern seine Art, die Dinge zu sehen. Die industrielle *Umstrukturierung der Innenwelt* durch Bilderflut operiert mit dem Appell an das Irrationale. Bei aller Vorbehaltlichkeit wird man wahrscheinlich doch sagen können, daß sich die überwiegenden visuellen und affektiven Signale vornehmlich an die rechte Hirnhälfte des Menschen wenden, während die für die verbalen, analytischen und logischen Kompetenzen mitsamt kritischen Erinnerungs- und Reflexionsfähigkeiten zuständige linke Hemisphäre abgeblendet, betäubt ist. Die Dominanz der rechten Hirnaktivitäten, die exzessive Stimulierung der rechten Gehirnhälfte, kann vielleicht ein neues Licht auf den gebannten Blick des Konsumenten und die Rede von der «*Droge*» im Wohnzimmer» werfen.

Jedenfalls folgt das Fernsehen deutlich mehr dem *Lust- als dem Realitätsprinzip*. Alles ist hyperintensiv: der Reichtum, der Mord, die Menge der Unglücksnachrichten. Illusionen, Luftschlösser werden permanent erzeugt. Die Suggestion leichter Lösungen, im Film 30 Minuten, in der Werbung nur 30 Sekunden bis zu ihr, machen *alltags und realitätsuntauglich*, führen in immer größere Abhängigkeit zurück zum optischen Schnuller, machen letztlich aggressiv und depressiv. Die Fernseh-Welt ist nicht die wirkliche Welt, gerade auch da nicht, wo sie es zu sein behauptet. Sie ist eine Traumwelt und erzeugt ein Pseudo-Leben, allerdings mit wirklichen Konsequenzen für das Erleben des Konsumenten. Und auch hier steht das Werbedenken Pate. Die Flucht in eine illusionäre Welt und zum käuflich erwerbbaren Patentrezept sind immer noch die bequemsten Formen des Selbstbetrugs. Sie machen sogar Spaß, wenn sie so stimulierend, sinnlich, täuschend echt, Triebe, Geltungsstreben, Status- und Luxusdenken aktivierend von der Realität locker und leicht, spannend oder lustig entlasten und ihren Traumstoff suggerieren.

Die thematische und strukturelle Auswahl der Botschaftsinhalte und Botschaftsformen des Massenmediums überschwemmen die Gefühlswelt und Vernunft der Zuschauer. Die Invasion all dieser Bilder erzeugt eine spezifische *Fernsehvernunft* und Scheinrationalität. Das Fernsehen im Kopf, eine innere Showbühne, ist das Resultat einer permanent an uns arbeitenden Bewußtseinsindustrie. Wenn es tatsächlich so etwas wie eine Ökologie der Innenwelt gibt, dann liegt hier eine *Innenweltverschmutzung* vor: der Film im Kopf, der Verlust der eigenen Primärerfahrungen, ein Leben aus zweiter Hand mit vorgefertigter Ware, gemieteten Träumen und kopiertem Leben. «Zusehen ist nicht Existieren» (K. Jaspers).

Während das Unbewußte verschmutzt, hyperorientiert und süchtig «eingestellt» ist, bleibt das Wachbewußtsein desorientiert, betäubt und abhängig von erneuter Ablenkung. In ihm mischen sich, Tag für Tag eingespeist, die vielen fremden Stimmen von Mickey Mouse, Schimanski und Inspektor Derrick, Lassie und Fury, J.R. und dem Denver-Biest, Pan Tau und Ernie und Bert zu einem babylonischen Stimmengewirr vager Verhaltensschablonen: die diffusen Archetypen des kollektiven Unbewußten des Fernsehmenschen im 20. Jahrhundert.

Prinzipien des Mediengenusses: Maximierung und Variation

Wer als Medienmassenmensch durch den Konsum der Medien der *Langeweile* zu entgehen sucht, steht alsbald vor der enttäuschenden Erfahrung, daß die Medientröstungen nur eine sehr kurzfristige Anästhesie der menschlichen Bedürfnisse bewirken. Auch hier gibt es Gewöhnung und Abstumpfung. Auch hier kommen darum elementare Prinzipien innerweltlichen Genießens zum Zuge: *Maximierung und Variation.* Wo immer die alte Langeweile aufzutauchen droht und die Vergnügungen selbst langweilig zu werden beginnen, variiert oder intensiviert sie der Mensch: Er steigert das Vergnügen oder erfindet eine neue Art von Vergnügen.

Das Fernsehen als Unterhaltungsmaschine ist heute ein wichtiges *Mittel der Zerstreuung.* Es präsentiert der Schaulust der Augen ein Schlaraffenland der Bilder, den Paradiesjägern ein Paradies aus Zelluloid. In das «Bedürfnisloch» Medienmassenmensch wird unendlich viel Informations- und Sensationsware geschüttet, und wo immer er sich zu langweilen beginnt, muß man sich eine neue Programmvielfalt (Satellitenübertragung,

Privatfernsehen, Videotechnik usw.) und eine Steigerung der Präsentationsformen einfallen lassen.

Was das zum Beispiel für eine gut in Szene gesetzte Gewalt bedeutet, die als einfaches, wirkungsvolles, kurzes und endgültiges Mittel der Konfliktlösung eingesetzt wird, ist deutlich: eine auf zunehmende Verrohung gerichtete Gewaltspirale. Wo der Gewöhnungseffekt einsetzt, muß man die Dosis höherschrauben. Die Bildmedien ermöglichen den Genuß des Todes als «fastfood- Ereignis» in dramatischen, blutigen, kitzelnden Bildern aus der sicheren Distanz des Fernsehsessels. Der Tod als Ware wird per Medien an- und ausschaltbar geliefert. Wer Lust auf ein paar Tote hat, schaut ins Fernsehprogramm und sieht sich irgendeinen Krimi oder Western oder ganz einfach die Tagesschau an. Und wen der Todeskonsum schon so professionell gemacht hat, daß er die Standardformen des Sterbens schon hundertfach gesehen hat und in aufkeimender Langeweile zu ersticken droht, der darf wenigstens die Hoffnung haben, daß ihn eine «raffinierte» Kameraeinstellung oder ein Zeitlupenexkurs entschädigen wird.

Bildmedien und Distanzethik

Der Anthropologe A. Gehlen hat in seinen Forschungen die ethische Umwelt des Menschen als *ethischen Nahbereich* beschrieben. Damit ist zum Ausdruck gebracht, daß der Mensch gewöhnlich in einem überschaubaren nahethischen Bereich moralisch kompetent handeln kann. Dieser überschaubare Kreis ist ursprünglich jener unserer eigenen Erfahrung, das heißt der, den wir mit unseren Sinnen unmittelbar erfahren. Wird dieser Bereich zu groß und zu abstrakt, verliert der einzelne in der Regel die Übersicht und auch die moralische Energie, solche Großbereiche anzugehen. Die moralische Energie *erlahmt.*

Diesem nahethischen Bereich entspricht die biblische Aufforderung der *Nächstenliebe.* Die Nächstenliebe ist immer konkrete Weltverantwortung im christlichen Geist. Wenn wir die Frage einer ausnahmsweise anderen, erweiterten Berufung außer acht lassen, ist Distanzethik oder Fernstenliebe, also tendenziell globale oder universale Weltverantwortung, nie Aufgabe von Einzelpersonen oder von Herrn «Jedermann», sondern bestenfalls von hierauf spezialisierten, kompetenten Institutionen.

Das Fernsehen nun ist im Vergleich zu unserem Sinnesorgan «Auge» ein gigantisches, *teleskopisches Riesenauge*, dessen Gegenstandsfeld jeder beliebige Punkt auf dem Globus sein kann. Mit dieser *Organpotenzierung* ist der Mensch einer unendlichen Informationsflut ausgesetzt, die ihn (z.B. in Nachrichten und Reportagen) vornehmlich mit grauenhaften, erschreckenden und erschütternden Informationen über Kriege, Katastrophen und Elend von jeweils aktuellen, sogenannten Krisen- und Brennpunkten überschwemmt. Der Zuschauer wird mit Leid, Unglück und Not ihm völlig fremder Menschen, die er nie gesehen hat und wohl auch niemals wiedersehen wird, an Orten, die ihm vielleicht nur dem Namen nach bekannt sind, und unter Umständen, die er kaum genau verstehen kann, konfrontiert.

Es entsteht ein eigentümliches *Dilemma*. Der Organpotenzierung, dem Mega-Auge «Fernsehen», das überall hinsieht, entspricht keine auch nur annähernd gleichwertige moralische Potenzierung des Verstehen- und Eingreifenkönnens. Das präsentierte Grauen löst als entferntes Echo der Nächstenliebe noch einen Schock oder Schauer aus. Taten aber folgen gewöhnlich nicht und sind auch gar nicht vorgesehen: Was folgt, ist die nächste «Hiobsbotschaft».

Als Konsequenz dieses Dilemmas tritt ein *Ohnmachtsgefühl* auf, das wirkliches Leid als neutralisierte Information konsumiert. Man ist zwar *allwissend*, aber eben nicht *allmächtig* geworden. Ein angeblicher Weltbürger ohne wirkliche Eingriffschancen. Die traurigen Folgen dieser Kluft heißen in der Regel: Abstumpfung und Gewöhnung an Leid und Unglück, Passivismus der Ohnmächtigen, Verpuffung der nahethischen Energien, die anscheinend im Meer der zugemuteten Weltverantwortung untergegangen sind. Reizüberflutung und Datenchaos machen verwirrt und ohnmächtig, gereizt und nervös, moralisch stumpf und träge. Zur absurden Geschmacklosigkeit wird diese Situation, wenn der interessierte Zuschauer in voyeuristischer Manier weltweiten Tod und zweidimensionales Grauen ungeniert mit dem Abendbrot auf dem Knie genießen kann. Ein «Zuschauer» kann zwar nichts für das, was er sieht, aber doch dafür, *daß* er zusieht.

Strukturierung der Familienverhältnisse

Wir haben bereits einen Blick auf die außerordentlich vielseitige Prägekraft des Fernsehens geworfen. Es prägt Räume, soziale und physische, Zeitabläufe, Verhaltensgewohnheiten, Themenwahl, Formen der Themenwahrnehmung, Denkformen usw. Unter dem Stichwort «Strukturierung der Familienverhältnisse» will ich darauf hinweisen, daß sich das Fernsehen sozusagen als *Familienmitglied* etabliert hat.

Damit meine ich weniger den Umstand, daß es nicht mehr selten ist, daß der Fernseher einfach angeschaltet sein muß, auch wenn keiner hinschaut. Daß er dauernd als Hintergrundsgeräusch aktiviert sein muß, ist vor allem ein Hinweis auf das Unerträglichgewordensein von Schweigen und Einsamkeit, die das Medium übertönen soll. Die optisch-akustische Hintergrundserfüllung suggeriert als Geräuschkulisse, daß «Leben» im Haus ist.

Der Akzent bei der Strukturierung der Familienverhältnisse liegt auf noch einem anderen Punkt. Zwar gewährt das gemeinsame Ansehen eines Films zum Beispiel die Möglichkeit, nachträglich darüber zu sprechen und die eigenen Empfindungen und Einsichten auszutauschen. Hier würde Fernsehen idealerweise zum Anlaß familiärer Kommunikation. Zu befürchten ist allerdings eher dies, daß das Fernsehen, wenn überhaupt, die Familie nur äußerlich zusammenführt, de facto aber getrennt hält. Ohne Miteinander sitzt jeder vereinzelt vor dem Medium, dessen Botschaften er absorbiert. Mit anderen Worten: Fernsehen tendiert dazu, eine *Scheinfamilie* zu fördern bei gleichzeitigem Abbau der Reste wirklich vorhandenen Familienlebens und familiärer Kommunikation.

Und die Kinder?

Es hat viel Streit um das *Fernsehen als Bildungsträger* gegeben. Die einen sagen, wir würden von Minute zu Minute dümmer, die anderen meinen, die Klugen würden klüger, die Dummen dümmer usw. Zweifellos scheint mir, daß das Fernsehen zur Horizonterweiterung dienen kann. Es kann wirklich klüger machen. Und doch erinnern wir uns daran, daß das Medium aufgrund seiner bestimmten Formgesetze bestimmte Inhalte und Darbietungsweisen von Inhalten favorisiert. Das bedeutet, daß Wahrheit, Schönheit, Stille, Lyrik, Meditation, ernste Information entweder tendenziell vernachlässigt werden, weil sie sich nicht fernsehgerecht darstellen lassen, oder aber fernsehgerecht, und das heißt als Unterhaltung präsentiert werden.

Die Curriculum-Hypothese zum Fernsehen besagt darum weniger, daß Zuschauer, besonders die Kinder, bestimmte Inhalte lernen, sondern eine *bestimmte Weise des Lernens lernen: Lernen als Unterhaltung.* Nun ist humane *Erziehung* ein in jeder Hinsicht sehr schwieriger und sensibler Vorgang, der nicht ohne Mühen und Leiden vor sich geht. Wo jedoch Bilder die Worte verdrängen, der Sehsinn dominant wird, die Unterhaltung diesen Ernst verdeckt, da wird das Fernsehen zu einem ideologischen Hauslehrer mit geheimem Lehrplan, der auf spezifische Weise emotionale Stabilität raubt und die Anstrengung der Erziehung und Selbstwerdung demotiviert.

Hierhin gehört vielleicht die Klage vieler Lehrer an Schulen und Universitäten, daß die Fernsehgeneration ein deutliches Nachlassen der Artikulationsfähigkeit, der Aufmerksamkeits- und Erinnerungskraft, der Kritik- und Analysefähigkeit komplexer Sachverhalte zeigt, die sie durch schablonenartiges, schematisches und klischeehaftes Denken in Stereotypen, Phrasen und Floskeln ersetzt.

Die *Schule* kann kein Markt für Erziehungsspaß sein, leider nicht. Dennoch werden Kinder sie unwillkürlich mit dem Fernseh-Lernmodell vergleichen und diskreditieren. Der fernsehtypische Erziehungsstil, «amüsanter Unterricht», ist nun einmal auf Anhieb und fürs erste eingängiger. Verstärkt wird diese Haltung durch viele weitere Umstände. Denn Kinder schauen sich ja nicht nur das für sie eigens angefertigte Schul- und Unterhaltungsprogramm an. Neben dem offiziellen Kinderprogramm wirkt das heimliche Kinderprogramm, das Vorabendprogramm, in dem bereits die Kunstwelt der Erwachsenen präsentiert wird und das die Erfahrungslücken der Kinder kolonisiert. Das *Fernsehen als Erzieher,* guter Freund, Kontrolleur (statt draußen spielen) ist eben immer auch Verführer und trägt mit der unheiligen Allianz von Gedankenlosigkeit im Hinblick auf medienspezifische Formgesetze und Kommerz auch zur *Innenweltzerstörung* der Kinder massiv bei, denen Fernsehen das wahre Leben und Lebensersatz wird. Man kann darum das Fernsehen auch als eine wichtige *Sozialisationsinstanz* begreifen, die in ihrem Griff nach den Kindern Erwachsene mit immer weniger erlebnisauthentischer Kindheit entstehen läßt.

Die *Personwerdung der Kinder* ist noch weitgehend plastisch und beeindruckbar, wenn sie dem Überflutungsdruck einer perfekt animierten Scheinwelt ausgesetzt wird. Kinder sind fasziniert. Wie gebannt erliegen sie der geheimen Bewirtschaftung ihrer Gehirne und Gefühle. Die Medien, das Fernsehen vor allem, okkupieren die werdende Welt des Kindes und rauben ihm seine Primärerfahrungen.

Es entsteht eine *TV-Generation.* Statt daß hier undressierte, individuelle, im Selbsterleben aktive Menschen langsam heranreifen, entstehen emotionalisierte, mediengerecht präparierte kleine Erwachsene mit einer durch Klischees und Stereotype, Phrasen und Floskeln normierten Trivialwelt. Die optische Revolution macht Spaß, befriedigt Neugier, verdeckt Konflikte, ermöglicht Identifikation und emotionelle Scheinbindungen mit Fernsehautoritäten und führt doch nur zum Pseudo-Leben der dressierten Konsumenten, derjenigen also, die die Träger der Kultur von morgen sein sollen.

Das Prinzip der Angleichung

«Wovon das Herz voll ist, davon läuft der Mund über.» Nimmt man diese biblische Wahrheit zum Maßstab und schließt vom Mund aufs Herz, wird man die überwältigende Macht der Medien im Menschen kaum bestreiten können. Wenn es augenscheinlich korrekt ist, daß die vergnügliche Welterzeugungsmaschine Fernsehen, ihre Weltsicht, ihre Botschaften und Themenauswahl verinnerlicht werden, so haben wir es hier mit einer der subtilsten Formen von *Manipulation* zu tun.

Der schleichende Haltungs- und Einstellungswandel adoptiert die Medienscheinwelt und erlebt sie sozusagen organisch als etwas Natürliches, Naheliegendes und *Selbstverständliches. Der Mensch wird dem Medium ähnlich, indem er es verinnerlicht.* Es lagert sich ihm als innere Substanz in sein Herz ein und formt ihn um. Es ist letztlich genau diese innere Umformung, die einen drogenähnlichen Charakter besitzt und suchtartig immer wieder in einem Verstärkungszirkel ihn in die Arme des Mediengenusses zurücktreibt. Es ist genau diese innere, sanfte Umformung, die dazu führen kann, daß die Unterdrückten beginnen, ihre Unterdrücker zu lieben und ihre Versklavung für Freiheit zu halten.

Kapitel 5

Warum funktioniert Fernsehen?

Sehen

Wenn wir die Frage stellen «Warum funktioniert Fernsehen?» so fragen wir danach, was es in uns anspricht. Um das Phänomen der ungeheuren Resonanz des Fernsehens zu verstehen, scheint es notwendig, auf die menschliche *Sehnsucht des Sehens* zurückzugreifen.

Die Faszination der Bildmedien, die Sehnsucht nach Bildern, hat ihre anthropologische Ursache in der Vorrangstellung des Auges. Die kulturelle Welt, die wir Menschen wie eine zweite Haut um uns herum errichtet haben, ist ein Reflex oder Echo auf unsere chronische Bedürftigkeit, Wünsche, Sehnsüchte und Interessen und damit selbstverständlich auch stark auf die Medien bezogen, die den Kontakt zwischen Welt und uns selbst ermöglichen: die Sinnesorgane.

Betrachten wir zum Beispiel Häuser oder Autos, so begegnen wir Objekten und Instrumenten, die auf unsere Bedürfnisse zugeschnitten sind und sich schematisch an unserem eigenen Körperschema orientieren. Wir begegnen Dingen, die mit unserem Wärmesinn koordiniert sind, die unser Bewegungsinteresse erfüllen, die uns durch Fenster Licht gewähren, aber auch Ausschau und überhaupt für das Auge «Ansichten», an denen es sich freuen kann, durch die es verführt werden soll usw. Wir begegnen gewissermaßen stilisierten Körpern, die in Analogie und Abstimmung zu unseren eigenen gestaltet worden sind. Unter ihnen hat der Gesichtssinn eine ganz hervorragende, prominente Bedeutung. Man darf das «Auge» wohl mit Recht als die Königin der Sinnesorgane bezeichnen, so sehr ist das Leben auf es bezogen.

Wenn ich mir noch einen kleinen exkursartigen Hinweis zu der stilisierten kulturellen Körperwelt erlauben darf, so ist sie ja nicht nur wiederholender Reflex unserer Funktionen, sondern sehr viel elementarer: Reflex unserer ursprünglichen, problematischen Verfassung als Menschen. Das, was wir tun und schaffen, scheint irgendwie stets auch von einer *doppelten Perspektive* motiviert zu sein: von *Flucht* vor etwas und *Sehnsucht* nach etwas, von Selbsterhaltung und Selbststeigerung, von Tod und Liebe. Der Tod ist eine chronische Implikation dessen, was wir tun. Er ist in der Straßenverkehrsordnung, in der Steckdose, in den Bauvorschriften für ein Haus, in der Art und Weise, wie wir die Treppe hinaufsteigen. Er ist permanent gegenwärtig als etwas, was wir zu vermeiden suchen, vor dem wir flüchten, selbst wenn uns dieser Bezug nicht mehr unmittelbar auffällt. Wir versuchen, uns zu erhalten, zu bewahren, zu bergen. Wir bergen uns aber nicht nur in einem Haus, weil wir zutiefst unbehaust, ungeborgen und ausgesetzt sind, sondern wir erfreuen uns und andere mit ihm. Wir machen es uns wohnlich, gemütlich usw., das heißt, wir artikulieren unter dem Vorzeichen der Behaglichkeit oder des Schönen eine Ahnung von einem Ort, an dem wir eigentlich sein möchten, wo wir im Grunde genommen hingehören und zu Hause sind. Wir artikulieren *eine Sehnsucht nach dem Paradies*. Und dieses Motiv ist selbst in seiner Karikatur oder seiner Perversion noch gegenwärtig, zum Beispiel in den Ausbruchsversuchen aus dem Alltag durch Drogen. Wer ein Auto oder ein Motorrad betrachtet, hat keine Mühe, das elementare menschliche Körperschema in stilisierter Form wiederzuerkennen. Zugleich ist dieses Instrument eine Organpotenzierung, vor allem der Fortbewegungskapazitäten. Aber in vielen Fällen ist es auch in einem psychologischen Sinne eine Organpotenzierung, nämlich ein Attribut der Selbststeigerung, ein Instrument der Selbstdarstellung, eine Möglichkeit der versteckten Transzendenz, etwa im Geschwindigkeitsrausch, usw. und repräsentiert so immer noch, wenn auch auf gebrochene Weise, die Sehnsucht des Menschen nach dem Größeren, nach dem anderen Ort, nach der «unbekannten Nahrung» (F. Kafka).

Wenn ich darum im Blick auf die Vorrangstellung des Auges von einem anthropologischen Phänomen gesprochen habe, so muß ich dies, gerade auch im Hinblick auf den obigen kleinen

Exkurs, letztlich zu einer *theo-anthropologischen* Perspektive erweitern.

Nach dem Wort Christi ist das Auge das Licht des Leibes, das Organ, dem das Licht zugänglich ist. Die Sehnsucht des Sehens ist tief verwurzelt. Zwar sind alle Menschen aufgerufen, Hörer des Wortes zu sein. Und von den Christen heißt es, daß sie im Glauben und nicht im Schauen wandeln (2. Kor. 5,7) und mit nur stückwerkartigem Erkenntnisvermögen wie in einen rätselhaften Spiegel sehen (1. Kor. 13,12). Ja, es gilt hier die Seligpreisung: Selig, die nicht sehen und doch glauben (Joh. 20,29). Und da niemand Gott, wie er eigentlich ist, jemals gesehen hat, noch zu sehen vermochte, hat Christus als eingeborener Sohn und Wort Gottes «Kunde» gebracht (1. Tim. 6,16; Joh. 1,18).

Und gleichwohl ist es gewiß die größte Verheißung für den Christen und also für alle Menschen, da alle eingeladen sind, Christen zu werden, daß sie einmal Gott von Angesicht zu Angesicht sehen werden. Sehen werden, wie und wer Gott ist, in dieser glückseligen Schau, dem *wahren Paradies des Sehens*, den eigenen bösen Blick verlieren und zugleich erkennen, wer sie selbst sind und sein sollen, und in dem Sehen Gottes ihm ähnlich werden (1. Kor. 13, 12; 1. Joh. 3,2; Off. 22,4). Insoweit gibt es einen tiefen geschöpflichen und eschatologischen Sinn und Impuls für das Sehen: Das Auge des Menschen ist dazu erschaffen und bestimmt, Licht zu sehen, jenes unzugängliche Licht, in dem Gott wohnt. *Das Auge des Menschen ist letztlich dazu erschaffen und bestimmt, Gott zu sehen.* Und Gott zu sehen, ist das zentrale Ereignis der Eschatologie, Sehenwollen aber ein Urimpuls des Menschen. In diesen geschöpflichen und eschatologischen Fluchtpunkten dürfte die letzte Einheit einer Theologie und Anthropologie des Sehens zu finden sein.

In der anthropologischen Sprache einer mittleren Reflexionsebene können wir sagen, daß das «Sehen von etwas» einem Menschen *Intimität,* ein größeres Realitätsgefühl und eine höhere Erlebnisnähe vermittelt. Im Sehen erlebt der Mensch Unmittelbarkeit und Echtheit, Unverborgenheit und Aufgedecktsein. *Sehen ist Nähe.* An diese anthropologischen und kryptotheologischen Potentiale knüpfen *Bildmedien* unwillkürlich an. Deswegen sprechen sie an: Sie haben einen tiefen «Resonanzbo-

den» im Wesen des Menschen und lösen ein entsprechend tiefes
Echo aus, wenn auch das Aufgedecktsein und die Unverborgenheit nur als dekadente Imitation, als Veröffentlichung, als Ent-
hüllung oder Entblößung ins Scheinwerferlicht gezerrt werden.
Wenn auch vielfach gebrochen, pervertiert, entstellt und verdünnt, nimmt die Surrogatwelt der Bildmedien ihre letzte und
eigentliche *Faszination* aus dem anthropologischen Urgestein
eines schöpfungsbedingten Wesens und lebt von einer blassen
Erinnerung an die Schönheit des Sehens und Gesehenwerdens.

Fernseh-Glück?

Es scheint mir ein grundsätzlicher Irrtum in bezug auf das Phänomen Glück weite Verbreitung zu besitzen. Es handelt sich
um die irrige Auffassung, Glück sei herstellbar, machbar. Es ist
nicht ganz einfach, die hier beieinander liegenden Probleme
sorgfältig zu unterscheiden. Es genügt aber für unsere Zwecke,
das Problem von Glücklichsein und Glückhaben und das von
Sensation und Erlebnis auseinanderzuhalten. Ich möchte das
näher erläutern.

Das intimste Problem des *Glücklichseins* besteht wohl in seiner Verwechslung mit Glückhaben. Glücklichsein ist ein di-
stanzloses Hingegebensein. Im Bewußtsein des Glücks jedoch,
wo wir es zu haben wünschen, sind wir bereits durch unsere
Aufmerksamkeit, das Beobachten und Bedenken wieder ein wenig von ihm entfernt, entgleitet es, kommt Distanz auf, empfin-
den wir den Schmerz des Vermissens. Nun glaube ich nicht,
daß die Distanz durch das Bewußtsein selbst aufkommen muß,
sondern daß ein Moment der Distanz zu Bewußtsein kommt.
Auf einer sonnenbestrahlten Wiese spielende Kinder, ganz ins
Spiel versunken, hingegeben an den Augenblick, selbstverges-
sen, können so etwas wie eine Leitidee des Glücklichseins darstellen. Sie sind glücklich, und man muß sie durch Rufen aus
ihrer Welt sozusagen herausreißen. Allerdings berührt uns der
Umstand, daß wir wissen, daß sie nichts von ihrem Glück zu
wissen scheinen. Vor allem wissen sie nichts von den katastrophalen Gefährdungen ihres kleinen Glücks. Sie leben dauernd
getrennt von der zentralen Wahrheit der Bedrohung des

Glücks. «Glücklich ist nur, wer vergißt.» Irgendwie sehnen wir uns nach dieser alle Intensität übertreffenden Zuständlichkeit der ganzen Hingabe an das Glück. Aber doch so, daß unser Wissen um dieses Glück erhalten bleiben kann und nicht seinerseits einen störenden Schatten auf das Glück werfen muß. Dieses «paradoxe Glück», ein schattenloses Glücklichsein, dessen wir auch wissend inne sind und das wir sehen, sozusagen das größte vorbewußte, präreflexive Glück, dessen wir uns hellwach bewußt sind, ist innerweltlich nur eine Ahnung, ein Traum, den wir träumen und an den wir gelegentlich, in seltenen Augenblicken rühren.

Hiervon möchte ich die andere Frage unterscheiden, die für unser Thema von großer Bedeutung ist: die angebliche *Machbarkeit* des Glücks. Die inneren Erfahrungen, die *Erlebnisse* von Angst, Verzweiflung, Freude, Liebe oder Glück kann man nicht willkürlich «produzieren», ohne auch unechte Gefühle zu erzeugen. Man kann darum in einem strengen Sinn auch nicht frei verfügbar lieben oder glücklich sein wollen, ohne den Anfang einer Komödie zu beginnen. Wir müssen an der *Indirektheit* oder Nichtintentionalität des Glücks festhalten: Glück läßt sich nicht herbeizwingen, es kommt frei zu seiner Stunde. Man kann sich nicht recht eigentlich vornehmen, glücklich zu sein, ohne Glück zugleich seines Geschenkcharakters wegen zu vertreiben. Glück «fällt zu», auch wenn man unbedingt daran festhalten muß, daß man eine Menge hemmender Faktoren beseitigen und eine Vielzahl günstiger Vorbedingungen für den «Zufall» des Glücks schaffen kann.

Die Erlebnissehnsucht des Menschen, sein überstarker Wille zum Erlebnis, verbindet sich mit der Idee der direkten Machbarkeit des Glücks zu einer Anstrengung, die das genaue Gegenteil von Erlebnissen erzeugt: *Sensationen*. Sensationen sind jederzeit machbar, herstellbar, wiederholbar. Man kann sie als eine äußere Erfahrung jederzeit aufsuchen und konsumieren. Sensationen sind Mittel, die eigene Lebensleere zu kaschieren, und gleichzeitig sind sie Instrumente, die Lebensleere zu vergrößern. Sensationen machen erlebnis- und glücksunfähig.

Das Fernsehen kommt dem Erlebnishunger des Menschen in Gestalt der machbaren Sensationen entgegen. Insoweit übernimmt es tatsächlich eine *sinnstiftende Funktion,* allerdings mit falschen Mitteln. Als Sensations- und Amüsiermedium vermittelt es nicht nur eine Unmenge von Pseudo-Erlebnissen, sondern muß auch der sensations-immanenten Logik der Variation und Maximierung folgen. Das bedeutet für die Phänomene, die das Fernsehen zeigt – denn es ist ja ein Medium des Zeigens und Machens – eine fortlaufende Enttabuisierung, Trivialisierung und Banalisierung. Die «Film-Produktionen» und produzierte Erlebnisse sind Sensationen, entzaubern das Dargestellte, das beliebig wiederholbar präsentiert und auf Knopfdruck an- und ausschaltbar geliefert werden kann.

Für das, was im Menschen das Erlebnis sucht und doch nur Sensation findet, muß sich zwangsläufig eine gewisse «Tristesse», eine bestimmte Enttäuschung und Traurigkeit, sogar Widerwillen und Ekel einstellen. Darum ist der Zuschauer auch, so sehr er an das neue Opium des Volkes, das wir Fernsehen nennen, gebunden ist, auf keine erkennbare Weise ein glücklicher oder erlöster Mensch. Er sieht eher aus wie jemand, der dunkel zu ahnen scheint, daß man ihn um sein Leben betrügt, es aber hinnimmt, weil es gutgelaunt und amüsant geschieht und keine bessere Alternative für ihn erkennbar ist.

Zerstreuung und das Problem einer Ethik der Innenwelt

Blaise Pascal hat in seiner christlichen Anthropologie den Menschen in der Welt unter anderem mit der Grundkategorie des *divertissements,* der Zerstreuung und Ablenkung, beschrieben. Der Mensch hat ein grenzenloses Verlangen nach Zerstreuung, um nicht mit sich selbst und seiner eigenen Fragwürdigkeit allein zu sein. Er flieht vor sich selbst in umtriebige Geschäftigkeit. Und um sich abzulenken, vergnügt er sich. Es ist eine lustvolle Verblendung, die zugleich eine Betäubung auch der geistlichen Bedürfnisse bewirkt.

Zugleich entzieht er sich damit dem mühsamen Werk einer *Ethik der Innenwelt.* Um so etwas wie eine Selbstgestaltung, eine Kultivierung der eigenen Innenwelt zu beginnen, ist nicht nur Engagement in eigener Sache, sondern Mut zu einer schamlosen und umfassenden Selbstanalyse im Angesicht des Absoluten notwendig. Der Kampf um die eigene *Wahrwerdung* und rechte Selbsterkenntnis gehört ohne Zweifel zu den schwersten Aufgaben eines Menschenlebens und wird durch die Motive des Stolzes und der Selbstverliebtheit stark behindert.

Ein Satz aus den «Bekenntnissen» des Augustinus (Conf. X,3) wirft in diesem Zusammenhang ein bezeichnendes Licht auf die Fernsehgeneration: Begierig, fremdes Leben kennenzulernen, ist die Menschheit müßig, faul und erschlafft, das eigene zu bessern. Die Unsitte, sich mit *anderem* Leben zu unterhalten, sich von seinen Bildern umspülen und ablenken zu lassen, ist die Rückseite jener Unfähigkeit, an sich selbst im Sinne einer Ethik der Innenwelt zu arbeiten. Man goutiert *fremdes* Leben, um es über die eigene Leere zu decken. Ein Leben aus zweiter Hand steht hier für Lebens- und Selbsterlebensersatz. Die Tyrannei der Sensation erzeugt nicht nur die Illusion eines machbaren Lebens, sondern auch die Fremdheit der eigenen Innenwelt. Die Menschen kennen sich aus in fremden Sprachen, fremden Städten, fremden Ländern, sie kennen sich aus in der Bilderwelt der Medien, dieser Show und jener Serie, nur in sich selbst kennen sie sich nicht aus. *Das Allernächste ist ihnen das Allerfremdeste. Sie leben in der Zerstreuung.* Ihre Innenwelt liegt wie unkultiviertes Land brach, und das, was sie ihre eigene «Innerlichkeit» nennen, ist zum genußreichen Fluchtort vor der Selbstbegegnung und zur Theaterbühne für fremdes Leben und einen unendlichen Strom von Medienbildern geworden.

Kapitel 6
Das Fernsehen und das Heilige

Die christlichen Kirchen und Gruppen machen einen zum Teil intensiven Gebrauch von der Möglichkeit, tradierte Glaubensinhalte und Glaubensformen auch in der Welt der Medien zu etablieren. Natürlich müssen sie sich dabei der jeweiligen medienspezifischen Präsentationsweise anpassen, um die *kanalisierte Botschaft* effizient weiterzugeben. Im Rundfunk, der von der Hetze, der Atomisierung, der zerbrochenen Zeit bestimmt ist: alles ist Bruchstück, ich werde von einer Flut belangloser Fragmente angeschrien, hat dies zum Beispiel die groteske Folge, daß die «gute Nachricht» vielleicht auf 30 bis 60 Sekunden zusammengezwungen und zwischen den neuesten Hit und die Werbung oder die Nachrichtensendungen gepreßt wird. Das wenige, das eventuell an christlicher Botschaft noch vermittelt werden konnte, geht dann restlos unter in einem Kontext, der banalisiert und dem Nachdenken keine Zeit gewährt. Es existiert nicht einmal der Versuch eines geistlichen Kontextes, keine Phase des Schweigens, kein Moment der Ruhe. Die Pause vermittelt ja eher den Eindruck, das Radio sei defekt. Ob das besser ist als gar nichts?

Im Zusammenhang mit den Ausführungen über das ideale Fernsehereignis habe ich bereits darauf hingewiesen, daß sich Phänomene wie das Heilige, Stille, Andacht, Frieden usw. schlecht fernsehgerecht abbilden lassen. Und da das Fernsehen letztlich dazu tendiert, alles als Unterhaltung und entsprechend auch Religion als Show anzubieten, bedeutet dies, daß die genannten Phänomene entweder als Unterhaltung oder gar nicht gezeigt werden. Das eine *entstellt* die Phänomene und die Religion als ganze, das andere läßt sie aus dem Medium *verschwinden*.

In einer Diskussion hat der Begründer der Logotherapie, Viktor Frankl, einmal sinngemäß gesagt, man dürfe drei Dinge nicht zeigen, also der Veröffentlichung preisgeben: den *Tod,* die *Liebe* und das *Gebet.* Und in der Tat ist das voyeuristische Auge begierig, die größten menschlichen Intimitäten zu prostituieren und dem gaffenden Blick feilzubieten. Der *Tod,* in dem ein Menschenleben endgültig wird, ist ein Zustand unüberbietbar gewordenen Ausgeliefertseins, der Anteilnahme, Wegbegleitung, aber kein grelles Scheinwerferlicht verträgt. Ebenso ist die *Liebe* ein *Geheimnis.* Wenn sich zwei Menschen verschenken und vergessen, muß man ihr Tabu schützen. Der monströse Blick, der dieses Geheimnis ans Licht zerrt und beobachten will, zerstört nicht nur die Verborgenheit, die die Liebe braucht, sondern auch seine eigene Liebesfähigkeit. In der psychotherapeutischen Richtung Frankls wird immer wieder darauf hingewiesen, daß Potenz- und Orgasmusstörungen in dem Maß auftreten, in dem sie Gegenstand der Aufmerksamkeit und der Absicht werden. *Hyperreflexion* und *Hyperintention,* Blickweisen des neurotischen Zuschauers, machen den Menschen unfähig, sich hinzugeben und zu vergessen.

Das *Gebet* nun, stellvertretend genannt für intime Weisen der Begegnung mit dem *Heiligen,* so Frankl, soll auch nicht veröffentlicht, preisgegeben werden. Warum eigentlich nicht? Es ist ja keineswegs so, daß sich nicht Fälle denken lassen, in denen das Fernsehen als Transportmedium etwa eines Gottesdienstes eine segensreiche Wirkung hat, etwa für alte oder kranke Menschen. Wir haben allerdings gesehen, daß das Fernsehen nicht nur ein *Transport-,* sondern auch ein *Transformationsmedium* ist, das das Darzustellende seinen eigenen Gesetzen unterwirft. Nicht zuletzt gehört dazu der eigenartige Situationszusammenhang zwischen dem Zuschauer im Fernsehsessel und dem Medium selbst.

Was dieser Situationszusammenhang alles zu bedeuten vermag, kann man sich leicht ausmalen. Der Zuschauer ist ja keineswegs, um beim Beispiel des Gottesdienstes zu bleiben, unmittelbar «dabei», sondern in der Mittelbarkeit seiner vier Wände. Und der Gottesdienst selbst hängt am seidenen Faden des allmächtigen Fernsehknopfes. Er ist der Verfügbarkeit des Ein- und Ausschaltens preisgegeben. Eine lässige Bewegung mit der Fernbedienung bedeutet seinen Exitus oder, mit dann leich-

ten Unterbrechungen, seine Wiederauferstehung auf die Matt-
scheibe.

Man sieht beispielsweise einen Betenden in Großaufnahme,
und statt mitzubeten, schaue ich ihn mir an, wie er aussieht,
wie er betet, finde womöglich manches, das mich erheitert usw.
Das Telefon mag klingeln, der Geruch des Mittagessens mag
mir in die Nase steigen, vielleicht habe ich meine Füße bequem
hochgelegt, nasche ein paar Chips, genieße zwischendurch ein
Glas Bier, blättere ein wenig im Fernsehprogramm, unten auf
der Straße ist Lärm etc. etc.

Die Beispiele können beliebig vermehrt und gesteigert werden. Ich bin einfach nicht anwesend und habe darum auch *kein
authentisches* Erleben. Und die sensible, *zerbrechliche Sphäre des
Heiligen* braucht meine Anwesenheit und Konzentration. Die
innere und äußere Ablenkbarkeit, die prinzipiell ein Problem
der eigenen Gegenwart etwa in einem Gottesdienst ausmacht,
ist hier auf das Ungeheuerlichste gesteigert. *Der Raum des Heiligen* ist zerstört, die Sphäre des religiösen Zaubers kann sich erst
gar nicht einstellen. Das Klingeln an der Tür oder das Zerbre-
chen eines Chips in meinem Mund zerstören die sich eventuell
noch einstellenwollende Aura definitv. *Sie verfremden und ba-
nalisieren das Heilige.* Für das Verschwinden des flüchtigen We-
hens des Geistes und für die Verführbarkeit des Menschen zur
Belanglosigkeit gibt es kaum einen geeigneteren Einstieg. Ich
denke, man muß N. Postmans These über das Heilige im TV-
Zeitalter zustimmen: Es gibt *keine Sakralisierung* des Fernsehens, sondern nur eine *Profanierung* der religiösen Botschaft
durch es.

An die bewußte Einseitigkeit der vorliegenden Medienkritik
habe ich bei Gelegenheit erinnert. Auch zu den obigen Ausführungen kann ich mir temperamentvolle Einwürfe gerade derjenigen vorstellen, die es «gut» meinen. Sie sehen in der großen
Medienabhängigkeit der modernen Menschen zugleich die
Chance, ein neues Forum für die alte Botschaft zu erschließen.
Meine Anfrage ist einfach, ob sie sich nicht allzu großen Hoffnungen, vielleicht sogar einem Irrweg hingeben, auf dem sie die
Schönheit des Glaubens und seine Kostbarkeit einbüßen. Auf
dem Fernsehmarkt ist der Glaube zuletzt chancenlos. Oder er

ist nicht mehr christlicher Glaube. Der alte Wein des biblischen Glaubens im neuen Schlauch der Unterhaltungsmedien, das könnte sehr leicht ein ungenießbares Getränk ergeben.

Die Gefahr der Ablenkbarkeit vor dem Fernseher, gerade in einer derart «langweiligen» Angelegenheit wie dem biblischen Glauben, haben wahrscheinlich auch viele der amerikanischen TV-Heiligen gesehen und darum auch das einzig Fernsehrichtige getan: Sie haben Gott zu einer Show umfunktioniert. Aufgefallen sind die US-Fernsehprediger der «electronic church» in der letzten Zeit leider eher durch finanzielle, politische oder moralische Affären und Skandale. Ich bin zu wenig informiert über diese Dinge, um ein kompetentes und verbindliches Urteil in diesen Angelegenheiten abzugeben. Die Einbuße an Glaubwürdigkeit ist allerdings enorm. Und sie ist um so größer, als sie einerseits wieder medienwirksam vermarktet werden kann und andererseits Medienkonkurrenten an einer ihrer schwächsten Stellen trifft.

Denn bedauerlicherweise ist die «Unterhaltungsreligion» beziehungsweise die religiöse Show nicht nur auf plakative, demonstrative Frömmigkeit, sondern eben auch auf eine zentrale religiöse Gestalt, den TV-Heiligen, zugeschnitten. Der spirituelle Showmaster vertritt sozusagen in seiner moralischen Integrität und religiösen Inbrunst das bildlich greifbar gewordene Antlitz Gottes. Wenn er fällt, zerfällt auch die religiöse Illusionsshow, und Gott bleibt im Medium der Geschmacklosigkeit dem ungläubigen Entsetzen derjenigen ausgeliefert, die durch die religiösen Suggestionen gebannt, sich als TV-Gemeinde «eingeschaltet» hatten. Hameln ist hier überall. Und die Rattenfänger, man muß ihnen nicht einmal subjektiv böse Absichten unterstellen, tragen objektiv zur Verspottung Gottes bei. Es ist fast schon ein trauriges Bonmot, daß sich die Amerikaner womöglich selbst das Jüngste Gericht als eine Art Showbühne mit einer Oscar-Preisverleihung für besondere schauspielerische Leistungen vorstellen.

Bei Gott hingegen ist *kein Ansehen der Person*. Er ist nicht erfaßt von Masken und Schein, nicht von ihnen gefesselt, nicht verrückt nach ihnen, nicht von ihnen getäuscht. Was die Menschen gewöhnlicherweise tun, ist *Schauspielerei*. Sie lieben das

Theatralische, wollen sich in Szene setzen und Unterhaltung konsumieren: eine gespenstische Theateraufführung. Sie lieben Schwindel, Illusion, Maya. Das Fernsehen hat für all diese allzu menschlichen Phänomene, die ja beispielsweise als Freude an Unterhaltung zunächst nichts Verwerfliches sind, einen großen institutionellen Rahmen geschaffen. Die TV-Heiligen der «electronic church» verwechseln aber nicht nur den Geist Gottes mit einer 220 Volt-Show-Spiritualität, sondern mißachten vielleicht in ungeahnter Weise das Gebot, sich keine Bilder vom Himmlischen zu machen *und* sich vor ihnen niederzuwerfen, um sie anzubeten.

Leider haben die bewegten Bilder aber nicht selten eine solche Lebensbedeutung erlangt, die an *Vergötzung* und *Anbetung* grenzt. Ich sage das *metaphorisch*. Trotzdem nennt man das Fernsehen nicht umsonst und bezeichnend genug auch das *Hausaltärchen*. Man kann dazu in aller Ruhe einmal über 1. Samuel 16,7; Matthäus 6,16 und Römer 2,11 als wichtige *medientheologische Texte* des Alten und Neuen Testaments nachdenken.

Das Thema *Bild und Anbetung* spielt interessanterweise auch in der Offenbarung des Johannes eine wichtige Rolle. Dabei wird in Offenbarung 13,15 dieses Bild als «sprechendes Bild» charakterisiert, ein Mittel der antichristlichen Verführung, götzendienerische Anbetung zu erzwingen. Wenn auch keineswegs exegetisch und interpretatorisch eindeutig ist, was jenes «sprechende Bild» bezeichnet, so ist doch die Analogie zwischen ihm und dem Fernsehen so frappant, daß sie wenigstens einer Erwähnung wert sein dürfte. Der quasi-religiöse Tanz um das goldene Kalb stimmt nachdenklich. Vielleicht sollte das Fernsehen eher dazu dienen und benutzt werden, in die authentische Gesprächs-, Verkündigungs- und Kultsituation als anwesende Person unter anwesenden Personen einzuladen als das Heilige zu exhibitionieren.

Kapitel 7

Massenmedium und Technotopia

Fernsehen als Massenmedium

Das Fernsehen als Meinungsmacher und Weltproduzent ist nicht zuletzt aus ökonomischen Zwängen, der Jagd nach Einschaltquoten und der Abhängigkeit von der Werbewirtschaft, ein *Massenmedium*. Es *wendet sich* darum mit seiner Kunstwelt *an die Masse* und *erzeugt zugleich Masse:* die Fernsehnation.

Der wichtigste Aspekt für den Medienmassenmenschen ist die *Unterhaltung*. Er will unterhalten sein durch Lust und Grauen, Spiel und Spaß, Dramatik, Spannung und Phantasie. Die trockene, ernste Wirklichkeit ohne diese Elemente interessiert ihn nicht. Das Spiel, die Show, das Theater mit den wunderschönen Fassaden und Kulissen, «lebensechten» Attrappen und Dekorationen, der schöne Schein und der Reiz des Auges durch die perfekte Illusion haben seinen Beifall. Das Lustprinzip ist ihm lieber als das Realitätsprinzip.

Diesen Wünschen entspricht das Fernsehen durch das, was N. Postman die Superideologie des Amüsements genannt hat. Die bevorzugten Themen und Präsentationsweisen richten sich an das *Gefühl* des emotionalisierbaren Durchschnittsempfängers, der multimedial bei Laune gehalten werden muß. Wo es aber *um Wirkung statt um Wahrheit* geht, die «Mache» vor der «Sache» steht, bleiben die erzieherischen, kritischen und aufklärenden Absichten des Mediums selbst auf der Strecke. Fernsehen degeneriert zur Massenveranstaltung von Bildkonsum und emotionaler Rauschkulisse. Adressat ist die Masse. Adressat ist darum ein Bündel aus irrationalen Gefühlsregungen, wechselnden Stimmungslagen und schwankenden Launen.

Unter *Masse* verstehe ich hierbei eine *allgemeinmenschliche Möglichkeit* und keinen etwa soziologischen Begriff wie etwa

«Klasse» oder «Schicht». Masse bezeichnet eine schichten- und klassenübergreifende Anfälligkeit für Uniformität und Standardisierung der Gefühls- und Gedankenwelt. Die *innere Uniformierung* der Köpfe, die Gleichschaltung der Gedanken und Gefühle, macht aus Menschen emotionalisierte, entindividualisierte und zu hoher Verführ- und Lenkbarkeit neigende Marionetten, deren Gefühl für persönliche Verantwortung sich in der nebulösen Anonymität der Herde auflöst. Ihre Identität gewinnt die Masse nur durch «Führer», die ihnen Identität durch Parolen und Slogans erzeugen und sie in einen Schmelztiegel kollektiver Formen und Formeln einschmelzt.

Am wirkungsvollsten muß die Transformation von Menschen in Masse natürlich sein, wenn sie sozusagen nebenbei, unbemerkt, geradezu selbstverständlich geschieht, also im Medium der Unterhaltung, des Vergnügens. *Manipulation macht Freude.* Und die Vermittlung des multimedialen Massenbewußtseins ist ein derart subtiler Vorgang, daß kritische Distanz zu ihr auf den ersten Blick gar nicht begriffen wird, so natürlich und *lustvoll* wird die *Fremdbestimmung* erlebt.

Technotopia als Ideologie der totalen Unterhaltung

Die Utopie einer völlig verkabelten Mediengesellschaft rückt stündlich näher. Die Vorzüge einer Dienstleistungs- und Informationsgesellschaft müssen nicht eigens aufgezählt werden. Sie reichen von der Humanisierung der Arbeitswelt bis hin zur Freisetzung von mehr eigenbestimmbarer freier Lebenszeit, insofern sie nicht unmittelbar von einer Freizeit- und Vergnügungsindustrie wieder absorbiert wird. Und doch muß eine Welterzeugungsmaschine wie beispielsweise das Fernsehen auch politisch nachdenklich machen.

In dem Aphorismus «Auch in der Politik kommt es darauf an, den Hund so lange zu streicheln, bis der Maulkorb fertig ist» (F. Knebel), lassen sich die einzelnen Elemente etwa so übersetzen: Der «Hund» ist natürlich ein Synonym für den politischen Bürger. Er wird «Hund» genannt, wenn er im wesentlichen nur noch willfähriges Manipulationsmaterial politischer

Propaganda und Entscheidungen ist. Das wahre Triumphfeld der Propaganda ist die anonyme Masse. Und was das «Streicheln» betrifft, so darf man mit Recht vermuten, daß die sanfte Verblödung durch das Medium Fernsehen – trotz noch einiger erkennbarer sympathischer Hemmungen – entscheidend mit ins Werk gesetzt wird. Die eingestellte, dressierte Masse braucht ein modernes Amphitheater für ihre Massensuggestionen, ein unterhaltendes Massenmedium, das (neben dem «Brot») für die «Spiele» sorgen kann.

Dieses Medium existiert und ist zur Massenlenkung auf vielfache Weise hervorragend einsetzbar. Und dies nicht nur in dem Sinne, daß in ihm indoktriniert wird, sondern, worauf wir ja den größeren Akzent gelegt haben, daß es «per se» zu einer spezifischen Präsentation, Transformation und Selektion der gebotenen Themen neigt und durch die Bewirtschaftung der Gehirne seiner Konsumenten diesen eine *medienspezifische Meinungsinfrastruktur* installiert. Selbstverständlich darf in dieser Medienarena nie eine propagandistische Pause oder Beruhigung eintreten: sie könnte zum Erwachen und kritischen Nachdenken führen. Omnipräsenz der Medien ist hier zugleich ihre Omnipotenz.

Was auf diese Weise in seiner Polemik eher bewußt beschrieben wurde, als laufe es gezielt ab, spielt sich in der Regel indirekt ab. Die *sanfte Manipulation* ist hier *verinnerlichte Herrschaft,* die nicht als solche erlebt wird, weil sie im Gewand von Genuß und Unterhaltung auftritt, von dem anstrengenden Geschäft kultureller Selbstformung des inneren Menschen ablenkt, mangelnde persönliche Selbständigkeit und mangelndes kritisches Bewußtsein wie nebenbei und ohne das Gefühl des Entbehrens entstehen läßt.

Und diese Manipulation vollzieht sich bereits kraft der Form, der Struktur oder spezifischen Logik des Mediums, das sich an die Masse wendet mit Simplifizierung, Trivialisierung, Banalisierung von Information beziehungsweise Emotionalität und Unterhaltung, Befriedigung des primitiven Schautriebes durch Bildkonsum bis hin zu geistiger Trägheit oder völliger geistiger Apathie. Auch hierin drückt sich die alte propagandatheoretische These aus, daß die Mehrheit «feminin» veranlagt und eingestellt sei, das heißt ihr Gefühl angesprochen werden und sie begattet werden will. Im *Medienmassenmenschen* kulminieren die Gedanken zum Fernsehen als Welterzeugungsmaschine, die Gedanken zur Organpotenzierung, zur exzessiven Stimulierung der rechten Gehirnhälfte, zur Emotionalisierung, zum idealen Fernsehereignis, der Ersetzung kritischer Bildung durch Bilder, die sich an ein eigens für sich selbst hergestelltes Genußzentrum wendet usw. *Die totale Unterhaltung kann dann zur totalitären Massenlenkung degenerieren.* Die spezifische formale und inhaltliche «Insemination», die das Fernsehen in diesem Fall durchführt, erzeugt jenen Massenmenschen, der es legitim macht, das Fernsehen als ein strukturell *demagogisches* Medium zu bezeichnen.

Kapitel 8

Wege zu einem angemessenen Umgang mit den Medien

Die Frage nach dem Menschenbild

Im ersten Kapitel wurde versucht, einige Streiflichter auf die Lage der Gegenwart zu werfen. Die *vier großen Kränkungen*, *Desorientierung* und *Sinnkrise* waren dabei die entscheidenden Stichworte. Sie alle stehen in einem unmittelbaren oder indirekten Zusammenhang mit der Frage nach dem angemessenen Menschenbild. Dem Problem des Menschenbildes, den Grundfragen der Anthropologie: was der Mensch ist, was er sein kann und was er sein soll, welche Bedeutung das Phänomen Menschenwürde hier hat, wie Freiheit, Entscheidung und Verantwortung sich mit dem Thema einer *Medienkultur* berühren, müssen wir uns an dieser Stelle noch einmal zuwenden.

Jede Kultur und damit jede kulturelle Tätigkeit trägt eine oder mehrere, zum Teil unverträgliche anthropologische Annahmen mit sich. Im besseren Fall ist das Menschenbild bewußt angenommenes, lebendiges Erbe, explizite Anthropologie, meistens jedoch sind die Annahmen über den Menschen geheime, nicht eigens bewußt gemachte Hypothesen einer latenten Anthropologie. Wenn wir nun kritisch und konstruktiv über das Fernsehen oder allgemeiner über die sogenannte Medienlandschaft und eine mögliche Medienkultur sprechen, können wir dies natürlich sinnvollerweise auch auf der unmittelbaren Ebene eben dieser Medien tun. Bei genauerer Betrachtung wird man allerdings kaum die Gefahren des Fernsehens auf der Ebene und mit Hilfe des Fernsehens nachhaltig korrigieren können. Ein solches Vorgehen erinnert eher an das groteske Bild des Einsatzes der Feuerwehr bei selbstgelegtem Brand, die womöglich beim Löschen gleich die nächste Katastrophe in die Wege leitet. Wo Krankheit und Arzt sozusagen zusammenfallen, läßt sich schwerlich auf eine substantielle Heilung hoffen. Therapie auf der Medienebene selbst ist darum, wenn auch unvermeidbar geboten, im Grunde Kurieren von Symptomen und oft genug Verschieben oder Ersetzen alter durch neue Symptome.

Man könnte es vielleicht auch so formulieren: Wer das Problem der Medien auf der Medienebene analysiert und angeht, hält sich im zweiten oder dritten Stockwerk eines Hauses auf, dem Stockwerk der Medien, und bezieht seine Analyse und seine Therapie nicht auf die tragenden Fundamente des Hauses. Der Umstand nun, daß der Fernsehkonsum selbst nur Symptom innerhalb eines größeren Kontexts ist, macht es sinnvoll, diesen Kontext zu betrachten und die *Fundamente des kulturellen Hauses* aufzuspüren, in dem wir leben und in dem die Medien eine wachsende Bedeutung erlangen. Wir haben diesen Großkontext als epochenpsychologisches Klima oder Grundgefühl beschrieben und durch die vier Kränkungen veranschaulicht. Das Fundament betrifft nun die Frage nach der Anthropologie, die mit der «Stimmung» des epochenpsychologischen Klimas Hand in Hand geht.

Wenn wir uns auf sehr grobe und skizzenhafte Weise einen knappen Überblick über die abendländische Geschichte der *Anthropologie* verschaffen wollen, so können wir einige herausragende Stationen dieser Geschichte nennen. Für die *griechische Antike* ist die Lehre vom Menschen eingefügt in einen vorgegebenen, nicht weiter hinterfragbaren Kosmos, dessen Ordnung Aufgabe und Wesen des Menschen bestimmt. Der Mensch ist das Zeitliche, Historische, Vergängliche, Individuelle, Subjektive, und genau darum ist er als solcher eigentlich uninteressant. Nur in seiner erkennenden und dienenden Beziehung zum ewig-unvergänglichen, objektiven und allgemeingültigen Kosmos und seinen Gesetzen hat er einen relativen Wert. Trotz einiger weniger Tendenzen, etwa bei Sokrates oder Protagoras, eher individualistischen oder «homozentrischen» Aussagen Geltung zu verschaffen, bleibt dies allgemeine Grundüberzeugung des klassischen Griechentums. Anthropologie ist Teil der Naturphilosophie ohne eigenständige Bedeutung.

Das *Christentum* hat hier in der Antike eine entscheidende Wendung eingeleitet. Als Träger des jüdischen Erbes hat es zunächst der Lehre von der Schöpfung und der Gottesebenbildlichkeit des Menschen zur Anerkennung verholfen. «Schöpfung» bedeutet, daß die Natur Ergebnis eines sinnvollen, intelligenten Handelns Gottes ist. Sie ist also «abgeleitet» und geworden, sekundär und relativiert, und nicht mehr wie bei den Griechen das unhinterfragbar-majestätisch Letzte. Die Lehre von der Gottesebenbildlichkeit ist eine ungeheuer große Aufwertung des Menschen und seiner Stellung im Kosmos. Sie wird eigentlich nur noch gesteigert durch die Lehre von der Menschwerdung Gottes. Daß Gott eben Mensch geworden ist und nichts anderes, ist die denkbar größte Auszeichnung des Menschengeschlechts. Ein Mensch ist der eigentliche Ort des Wunderbaren, der Transzendenz geworden. Nicht zuletzt wird die besondere Bedeutung des Menschen durch das Verständnis der Heilszeit unterstrichen. Der Mensch steht als persönlich-geschichtliches Wesen vor Gott in einem Heilsgeschehen. Seine knappe Lebenszeit, die unvermeidlich dem Tod zuläuft, wird zur Entscheidungszeit über die Ewigkeit. In diesem Leben muß er die endgültige, irreversible Entscheidung über sein endgültiges, ewiges Leben treffen. Sein Leben erhält eine ganz neuartige, dramatische Bedeutung und auch eine neuartige Angst.

Das *Mittelalter* kann als Syntheseversuch verstanden werden. Es verbindet griechische und christliche Elemente, indem es einerseits den Menschen als freie Geistperson mit einer besonderen Würde begreift und ihn andererseits seinen vorgezeichneten Platz in einer objektiven, heilsgeschichtlich und hierarchisch angelegten Ordnung finden läßt. Allerdings zeigt auch das Mittelalter von dieser klassisch-thomistischen Version Abweichungen, beispielsweise bei Augustinus oder Franziskus, wo eine stärkere Betonung des wollenden, entscheidenden, einzelnen Menschen vorherrscht.

Mit *Renaissance und Reformation* beginnt die Neuzeit und sogleich auch der neuzeitliche Protest für das Einmalige und Individuelle, das sich gegen Beschränkung und Bevormundung durch allgemeine, vorgegebene Ordnungen, Normen, Institutionen, Dogmen, Autoritäten und Traditionen wehrt. Die

Schattenseite dieser neuen Pluralität, des Individualismus und der Anthropozentrik ist ein drohender Relativismus. Vor allem die *deutsche idealistische Philosophie*, besonders Kant und Hegel, hat versucht, die relativistische Gefahr einzudämmen. Da eine Rückkehr zu vorgegebenen, objektiven Prinzipien nicht möglich schien, war der einzig erkennbare Ausweg der, daß ein Subjekt mit Hilfe seiner (allgemeingültigen) Vernunft «selbstgesetzgebend» (autonom) Prinzipien findet, die universal sind, das heißt von allen anderen vernünftigen Menschen geteilt werden, weil sie mit Hilfe ihrer Vernunft zu den gleichen universal gültigen Prinzipien gelangen. Das Experiment des Idealismus hat auf keine erkennbare Weise durchschlagend funktioniert.

Der Mensch der *Gegenwart* ist entlassen in eine unorientierte Freiheit. Das Vertrauen in das objektiv Allgemeingültige ist objektiv und allgemeingültig erschüttert. Verbunden mit den ersten drei großen Kränkungen, der kopernikanischen, darwinischen und freudianischen, der Entsicherung durch Verlust einer orientierenden, handlungsanleitenden und bergenden Tradition und erschüttert durch die Erfahrungen des Ersten Weltkrieges, ist darum die Fragwürdigkeit des Menschen das entscheidende Motiv für die Entstehung der *philosophischen Anthropologie* als Disziplin in unserem Jahrhundert geworden. Ihre drei großen Entwürfe von M. Scheler, H. Plessner und A. Gehlen sowie die vielfältigen Versuche der *Existenzphilosophien* und des *Existenzialismus* legen ein beredtes Zeugnis davon ab, wie unmöglich es scheint, eine einheitliche, den Menschen neu orientieren könnende *Idee des Menschen* zu finden, und wie ungeheuer tief und abgründig der Gegenwartsmensch über sich selbst verunsichert ist. Er ist sich, um mit Scheler zu sprechen, restlos problematisch.

Die *Kulturkrisis der Gegenwart* hat sich seit den Anfängen dieses Jahrhunderts nicht abgeschwächt. Im Gegenteil. Die Debatte um einen möglichen Übergang von der Moderne in die Postmoderne reflektiert nicht nur die atemberaubenden Entwicklungen einer Zeit im Umbruch, sondern ist in sich genauso zersplittert wie die Epochenschwelle, die sie bedenkt. Natürlich kann niemand ernsthaft einen Totalitarismus wollen, der das große babylonische Durcheinander einer in Geburtswehen liegenden Zeit auf klare, saubere Linien reduziert. Auf der anderen Seite ist es ebenso unmöglich, pluralistischer, am Ende vielleicht anarchistischer Beliebigkeit einfach ihren Lauf zu lassen. So sehr eine Kulturkrise auch eine Chance zur Neubesinnung ist, so wenig reicht es hin, an die Freiheit des Menschen zu appellieren, sich zu ergreifen, sich zu entwerfen, wahr und authentisch zu werden, sich aus der Uneigentlichkeit der alltäglichen Routine und der Konsumenten-Mentalität zu reißen und sich als konkret verantwortete Aufgabe zu begreifen und zu verwirklichen. So richtig dies ist, so richtig ist doch auch, daß der Mensch nicht wirklich mit einem Nullpunkt beginnen und sich selbst erschaffen kann, daß er vielmehr auf eine als sinnvoll und lebenswert erschlossene Welt zurückgreifen können muß, um sich zu engagieren.

Darum muß der politische, wirtschaftliche, wissenschaftlich-technische, künstlerische und religiöse Horizont in einen *gesamtkulturellen Rahmen* gerückt werden, der die jeweils spezifische Natur der Sache dieser Horizonte mit einer *umgreifenden ethischen Dimension* verknüpft. Wirtschaftsethik, Wissenschaftsethik usw. sind unverzichtbare Elemente eines kulturellen Überlebens. Und in eben einem solchen Kontext ist auch eine *Medienethik* anzusiedeln. Der einzige Rahmen, der sich hierfür als verbindlich und konsensfähig abzeichnet, ist ein Deutungsrahmen, der sich inhaltlich auf den Begriff der *Menschenwürde und der Menschenrechte* bezieht.

Nun kann man nicht einfach an die Freiheit des Menschen appellieren, wenn dieser im Grunde genommen die Freiheit von und die Freiheit zu nicht kennt. Diese *leere Freiheit* ist die Wunschfreiheit jeder Manipulation, auch der Medienmanipulation. Jede Form der Werbung wartet mit Begeisterung auf eine solche unorientierte, leere Freiheit, um sie unter der Vorspiegelung des Freiseins mit ihrer Produktabhängigkeit zu erfüllen. Die konkrete Freiheit, die jeder einzelne unvertretbar wahrnehmen und verantworten muß, kann nur in einem größeren Rahmen konsensfähiger und tragender Werte verwirklicht werden, die letzten Endes diese individuelle Freiheit selbst noch einmal garantieren und dem einzelnen zu einer mündigen, *manipulationsresistenten Existenz* verhelfen.

Die schlechte, desorientierte Freiheit, die auch ein willkommener Boden der massenmedialen Manipulation und Indoktrination ist, macht allerdings klar, daß man nicht nur einen werthaften Deutungsrahmen benötigt, sondern ihn auch *institutionalisieren* muß, damit er eine praktische Gestalt gewinnt, die wirken kann. Hier ist vor allem der *rechtliche und politische Gestaltungswille des kulturbewußten Staates* gefordert. Er muß den ethischen Rahmen verbindlich machen, damit zum Beispiel Kinder neben der familiären Erziehung auch in der Schule eine entsprechende Bildung erfahren oder Universitäten in einem für alle Fakultäten verpflichtenden Studium Generale normative Grundlagen vermitteln oder «Medienmacher» einen «Ethikführerschein» (eine spaßige Formulierung für eine unverzichtbare und ernste Sache) machen müssen usw.

Unser Grundgesetz hält fest, daß die *Würde des Menschen* unantastbar und alle staatliche Gewalt verpflichtet ist, sie zu achten und zu schützen. Damit in dieser feierlichen Formulierung der Begriff der Menschenwürde Leitbegriff bleibt und keine Leerformel wird, muß der Staat die *kulturelle Not der Gegenwart* und ihre *ethische Desorientierung,* deren Aufrechterhaltung zum Teil gezielt von denen betrieben wird, die mit ihr Geschäfte machen können, als Herausforderung zum Handeln betrachten. Die Menschenwürde konkretisiert sich ihrerseits in Menschenrechten und einem diesen entsprechenden Grundrechtskatalog. In diesen müssen klar und handhabbar auch Vorgaben für eine *Medienkultur* einbezogen werden. Wer glaubt, in Meinungs- und Medienfreiheit und freier Entscheidung des Konsumenten ausreichende Regulative für die Medienmacht zu finden, der muß entweder auf einem Auge blind, gutgläubig oder naiv sein. Das kommunikative und manipulative Herrschaftssystem «Medien» verfügt über derart imposante und raffinierte Machtmittel der «amüsanten Indoktrination», daß ihm der durchschnittliche Zuschauer regelrecht ausgeliefert ist. Denn schließlich kann es gar nicht mehr um jenen angeblich frei betätigbaren An- und Ausschaltknopf allein gehen, wenn das Medium bereits strukturell und inhaltlich internalisiert worden ist. Von Mündigkeit und Resistenz kann hier kaum mehr die Rede sein.

In seiner «Rede über die Würde des Menschen» hat Pico della Mirandola ausgeführt, daß der Mensch im Unterschied zu den anderen Wesen *keine feste Ordnung* hat. Der Mensch ist nicht festgelegt, beschränkt, bestimmt, durch Gesetze «gesetzt» und fixiert. Er kann sich vielmehr wählen, durch Entscheidung in die tierische Welt versetzen oder ins Himmlische emporformen. Was Pico damit zum Ausdruck bringt, hat die philosophische Anthropologie dieses Jahrhunderts auf ihre Weise und doch sehr ähnlich beschrieben.

Der Mensch ist *weltoffen,* ein Mängelwesen, plastisch, immer auf der Suche nach festen Standpunkten, darum auch ein handelnder Mensch, der, wie Gehlen es nennt, in vielen Jahrhunderten stabilisierende und entlastende Institutionen herausexperimentiert hat. Wir leben heute in einer Zeit des *Institutionenzerfalls* und damit auch einer äußeren und inneren *Destabilisierung.* Die Medien, allen voran das Fernsehen, sind in gewisser Weise als *Megainstitution* an die Stelle vieler alter sinnstiftender Institutionen gerückt. Aber es stabilisiert nicht im eigentlichen Sinne, sondern lenkt von der Instabilität des Menschen ab, indem es ihn zerstreut. Vor allem schenkt es als Institution keine Entlastung im positiven Sinn. Institutionen, die entlasten, geben durch ihre Entlastungsfunktion Frei- und Spielräume zur Arbeit an sich selbst, zur Persönlichkeitsentwicklung. Die Entlastung, die das Fernsehen bietet, ist eine Entlastung von sich selbst, seine Freiheit eine Freiheit von sich selbst als einer Gestaltungsaufgabe. Entlastung von sich selbst als *gelegentliches* Phänomen ist von geradezu therapeutischer Wichtigkeit und gehört zur seelischen Gesundheit des Menschen. Entlastung von sich selbst als zentrales Phänomen ist Betrogensein um das eigene Leben.

Maximierung und Variation

Im Abschnitt «Prinzipien des Mediengenusses» habe ich die beiden Grundformen der Maximierung und Variation bereits eingeführt. Der destabilisierte und innerlich haltlose Mensch ist für jede Form der wirkungsvollen Zerstreuung und Ablenkung dankbar. Um sich von sich selbst und der Langeweile abzulenken, konsumiert er Vergnügungen, die die eigene Fragwürdigkeit kaschieren. Das Zerstreuungsangebot steht allerdings in der permanenten Gefahr der Gewöhnung. Der Konsument wird lustlos, die Angebote immer wieder zu akzeptieren, die er bis zum Überdruß schon kennengelernt hat. Erneute Langeweile und Ekel stellen sich ein, wenn die Konsumofferte nicht verändert wird.

Veränderung der Konsumofferte, das heißt: den *Stoff variieren oder die Dosis steigern.* Oder wenigstens den Schein der Variation und Maximierung erzeugen. Das Spektrum der Variation und Maximierung ist recht groß, aber *nicht beliebig ausdehnbar.* Ein Western ohne wenigstens einen Toten ist ungewöhnlich, hätte aber vielleicht gerade deswegen eine mediale Nische. Ist sie einmal besetzt, kann man die Zahl der Toten steigern oder die Art und Weise variieren, unter der sie zu Tode kommen. Und leider sind die Menschen in der Variation des Grausamen ausgenommen einfallsreich. Man könnte sich nur wünschen, daß auch nur die Hälfte an Phantasie und Ideenreichtum, die sich in Formen des Tötens und Quälens artikulieren, etwa einmal in den Dienst der Liebe oder des Friedens gestellt würden. Weiterhin kann neben der inhaltlichen Variation und ihren Gut-Böse- und Held-Schurke-Schemata usw. die Form der Darstellung variiert und gesteigert werden. Die optischen und akustischen Möglichkeiten der Teilnahme am Fernsehgeschehen sind bekannt. Und nicht zuletzt ist es natürlich auch eine Variation, von einem Stoff, Genre oder Sujet in ein nächstes zu wechseln oder ganz einfach zwischen verschiedenen Programmkanälen hin und her zu springen.

Nun ist es evident, daß es *Grenzen* der Variation und Maximierung von Vergnügen und Grauen, Lust und Schmerz, Angenehmem und Unangenehmem gibt. Es sind weniger Grenzen der Phantasie, sondern eher Grenzen der Darstellbarkeit und vor allem Grenzen der seelisch-geistigen Erlebnis- und der körperlichen Aufnahmefähigkeit.

Vielleicht ist es an dieser Stelle ganz sinnvoll, auf den konsequentesten Theoretiker der Lustmaximierung und Lustvariation hinzuweisen, den Marquis *de Sade.* Was es bei de Sade abschließend zu lernen gibt, ist letzten Endes die *Relativität der*

Lust. Wer sie (tendenziell) vergötzt, macht sie monströs. Am Ende, weil die arrangierten Körper die überhitzten Phantasien des Orgiasten nicht mehr verwirklichen können, läßt er die Lustzufügung über eine Kette von Sadismen in den Tod des Opfers auslaufen und verflucht dabei Gott. Es gibt wohl kaum jemand anderen, der mit dieser dämonischen Trias von Lust, Tod und Blasphemie die schwarze Logik der Lustmaximierung und Lustvariation treffender gekennzeichnet hätte. Es drückt sich an dem Modell von de Sade klar das konsequente Ende der Logik von innerweltlicher Maximierung und Variation aus: die Beseitigung der Lustquelle, also Mord und Selbstzerstörung. Die schlichte trivialpsychologische Feststellung, daß derjenige Lust um so mehr verliert, als er sie fieberhaft sucht, ahnt bereits das, was bei de Sade konsequent bedacht wird.

Das Fernsehen selbst ist ein *Medium des Vergnügens, der Lust, des Angenehmen.* Und was wir von dem de Sadeschen Modell hierfür übernehmen können, ist der Umstand, daß dieses Medium einer *Logik* folgt, dessen *pathologischen* Effekte um so stärker hervortreten, je mehr es *total* wird und das Leben des Medienkonsumenten bestimmt. Es gehört zu den Merkmalen des Medienkonsumenten, daß er eine bestimmte Form von Tristesse, Enttäuschtheit und Stumpfheit an sich hat, die etwas von der Grausamkeit dieser falschen Logik bezeugt. Der Konsument spürt noch dumpf und entfernt, daß er irgendwie *betrogen* ist. Aber er kann gar nicht mehr anders. Hier wird die Parallele zur *Droge,* die halluziniertes Glück schenkt, dabei ausbeutet, verformt und schließlich zerstört, unübersehbar.

Die hier anvisierte Differenz zwischen *Lust und Realitätsprinzip* läßt sich sehr gut mit einem Beispiel von Robert Spaemann illustrieren. Er hat es in seinem Buch «Moralische Grundbegriffe» (3. Aufl. 1986, 30 f.) als «Gedankenexperiment» zum Hedonismus vorgetragen, und ich möchte es an dieser Stelle zitieren:

«Stellen wir uns einen Menschen vor, der in einem Operationssaal auf einem Tisch festgeschnallt ist. Er steht unter Narkose. In seine Schädeldecke sind einige Drähte eingeführt. Durch diese Drähte werden genau dosierte Stromstöße in bestimmte Hirnzentren geleitet, die dazu führen, daß dieser

Mensch sich in einer Dauereuphorie befindet. Sein Gesicht spiegelt den Zustand äußersten Wohlbehagens. Der Arzt, der das Experiment leitet, erklärt uns, daß dieser Mensch mindestens weitere 10 Jahre in diesem Zustand bleiben wird. Wenn es nicht mehr möglich sein wird, den Zustand zu verlängern, werde man ihn mit dem Abschalten der Maschine unverzüglich schmerzlos sterben lassen. Der Arzt bietet uns an, uns sofort in die gleiche Lage zu versetzen. Und nun frage sich jeder, ob er freudig bereit wäre, sich in diese Art von Seligkeit versetzen zu lassen. Was folgt aus unserer Abneigung, uns auf ein solches Angebot einzulassen? Es folgt, daß das, was wir eigentlich und im Grunde wollen, gar nicht Lustgewinn ist. Denn der Mann auf dem Tisch genießt offensichtlich die höchsten Lustgefühle. Und doch wollen wir nicht mit ihm tauschen. Wir wollen lieber unser mittelmäßiges Leben fortsetzen. Warum wollen wir nicht tauschen? Weil der Mann sich außerhalb des wirklichen Lebens, außerhalb der Realität befindet. Er merkt es zwar gar nicht; sein Traum ist vielleicht bevölkert mit den liebenswürdigsten Menschen. Aber die mittelmäßigen und dafür realen Menschen sind uns doch lieber.»

Spaemanns Gedankenexperiment leidet eigentlich nur unter dem allzu suggestiven Charakter des Bildes, den es einer gewissen Einseitigkeit verdankt. Der konsequente Hedonist würde argumentieren, daß der hauptsächlich abschreckende Gedanke an seinem Beispiel die Narkose und Traumhaftigkeit der Lusterfahrung sei, also eine gewisse Entrealisierung der Lust. Lust als handfeste Realitätserfahrung widerstreitet dem Realitätsprinzip nur insoweit, als es eben auch von der Lust verschiedene Realität gibt, die der Hedonist zu vermeiden sucht. Von diesem Einwand abgesehen, lohnt es sich, Spaemanns Kritik mit den entsprechenden Änderungen auf das Fernsehen zu übertragen. Es *verspricht Lustgewinn* und *derealisiert das Leben* des Konsumenten durch Bilder über das Leben. Das Narkotikum der Bilder über Leben aus zweiter Hand appelliert an das Luststreben des Menschen, die Passivität des Genießens, reibungslosen Verwöhntwerdens und Zuschauens und *entwirklicht* auf diese Weise das mögliche *Selbst-Leben*. Wie Spaemann richtig sagt, können wir diese Art von Seligkeit durch eine solche Form der

Lustfügung gar nicht wollen – solange wir noch wissen, was wir wollen und Fremdherrschaft nicht als selbstwollende Freiheit mißverstanden wird. (Bekanntlich weiß zum Beispiel «Bauknecht», was Frauen wollen, ohne daß die Frauen vorher wußten, daß sie das wollen, was sie die Werbung wollen läßt.)

Ethik der Medienmacher: Mitarbeit an einer Medienkultur

Die Medien sind *pausenlose* Begleiter des Menschen, die ihm versprechen, ihn aus Stress, Einsamkeit, Uniformiertheit in eine gutgelaunte, bestinformierte, entspannende und unterhaltende Welt zu entführen. *Das Fernsehen wird total.* Für einige Sender ist die neue Programmform *Frühstücksfernsehen* realisiert, andere arbeiten bereits mit einem 24stündigen Vollprogramm. Bis 1990 sollen in Westeuropa rund 90 Satellitenkanäle für TV-Programme zur Verfügung stehen, mehr als zwanzig sind zur Zeit in der Bundesrepublik bereits empfangbar. Das Fernsehen im Verbund der gesamten *Medienoffensive* erobert *alle Räume,* sickert in *alle Zeitnischen,* wird zu einem *omnipräsenten* Wesen. Neue Programmformen werden durch neue Vertriebsformen wie zum Beispiel «Tele Shopping» beziehungsweise «Home Shopping» ergänzt, so daß man per Fernsehen von zu Hause aus einkaufen kann. Telekommunikation, Telearbeit usw. signalisieren unausweichlich, daß wir uns in einer vielfach vernetzten Kommunikations- und Informationsgesellschaft bewegen.

Medienethische Überlegungen für eine *Informationsgesellschaft* haben ein weites Spektrum an Gesichtspunkten zu berücksichtigen. Sieht man einmal von dem fundamentalen Problem der konkreten *Analyse* und intersubjektiv konsensfähigen *Begründung der Normen* ab, geht es zunächst um das Feld der *Normenkontrolle* und *Normendurchsetzung* und der *Ethikerziehung.* Selbstverständlich ist es richtig, daß die Bevölkerung ein Anrecht auf eine *Grundversorgung* mit Information, Unterhaltung und Kultur hat. Für eine vernetzte Informationsgesellschaft drückt sich darin zugleich eine vitale Funktion der Ausübung und Erhaltung der *demokratischen Ordnung* aus. Andererseits steht in einem größeren politischen Kontext noch eine überzeugende *EG-Medienordnung* aus, während Medien-Multis wie Berlusconi, Murdoch oder Maxwell marktbeherrschende Konzentrationen aufbauen. Die offenen und verdeckten, mittelbaren und unmittelbaren Beteiligungen, Einflußgrößen und internationalen Verflechtungen dieser Medienkonzerne, selbst für den Fachmann kaum nachzuvollziehen, zeigen einen deutlichen Trend zum *Mega-check* (Anbieter- und Kontrollmonopol). So wenig wie man einen gleichgültig-beliebigen Meinungspluralismus wollen kann, so wenig Sympathie kann man diesen großen Konzentrationsprozessen entgegenbringen, die Meinungsvielfalt und Pluralität gefährden.

Ein anderes, wenn auch unpopuläres Thema medienethischer Besinnung ist die *Werbung*. Es ist klar, daß Werbung ein schützenswerter, *selbstverständlicher Bestandteil* unseres Lebens ist, der *wirtschaftlich geboten, institutionell gesichert* und *rechtlich garantiert* sein muß. Es macht aber doch nachdenklich, daß Werbung (neben Gebühren) der entscheidende Einnahmeposten der öffentlich-rechtlichen Rundfunkanstalten und für Privatsender die *Hauptfinanzierungsquelle* darstellt. Im Zeichen der Konkurrenz von öffentlich-rechtlichen und privaten Sendern nimmt die Werbedarstellung stärker zu und damit auch die entsprechende Abhängigkeit und Beeinflußbarkeit. Hinzu kommt, daß Werbung dem idealen Fernsehereignis nahezu entspricht und als *Modell* für andere Sendungen fungiert. Hier dürfte auch Postman zustimmen, der ausführt, daß Politik als Showbusiness unter dem Stichwort «selling the president» dem Werbemodell folgt. Es kommt dann nicht mehr auf das an, was er ernsten Diskurs nennt, der auf logisch-folgerichtige Gliederung, Bündigkeit, Analyse, kritische Reflexion, argumentative Prüfung ausgelegt ist. Das politische Werbemodell will nicht primär Inhalte, sondern Bilder verkaufen, also Fernseh-Politik als Fernseh-Werbung betreiben. Entsprechend geht es um den Aufbau eines Image, Inszenierung eines dramatischen und therapeutischen Schauspiels, den Appell an Emotionen, Ängste, Wünsche, Hoffnungen, um den Politiker als magischen Entertainer, der Bilder von sich offenbart, die sich tief in das öffentliche Bewußtsein als Identifikationsmöglichkeiten einlagern.

Wie im einzelnen *werbeethisch* vorzugehen wäre, ist sicherlich sehr kompliziert und bedarf gründlicher Abwägungen. Jedenfalls ist die Idee von Werberestriktionen nicht neu. Die Einschränkung von Werbung für Tabak und Alkohol oder die Diskussion um frauenfeindliche Werbung hat hier eine gewisse Flexibilität gezeigt. Doch dürften im Restriktionsbereich sehr schnell die Grenzen erreicht sein, will man die Werbeattraktivität der Medien und insbesondere des Fernsehens nicht zu stark beschneiden.

Noch wichtiger erscheint allerdings die *Entkopplung der Programmfinanzierung von der Programmgestaltung,* die letztlich so lange utopisch bleiben muß, wie man nicht über entsprechende Finanzierungstöpfe verfügt. Oder anders gesagt: Will man an der pluralen Medienlandschaft von privaten und öffentlichrechtlichen Anbietern festhalten, und finanzieren sich die Privatsender hauptsächlich aus Werbeeinnahmen, steht man augenblicklich vor dem Dilemma, daß der zahlende Kunde dem Werbeträger in gewisser Breite seine Konditionen diktieren kann. Man könnte sich allerdings eine medienethisch verantwortbare gemeinsame Regelung aller privaten Sender vorstellen, in der man sich freiwillig den von allen getragenen Leitlinien unterwirft.

Schließlich gibt es noch eine Reihe von sozusagen werbeinternen Problemen der Darstellungsweise und Themenwahl. Ich will hier nur an den speziellen Fall einer verdeckten Werbeform erinnern, die man in gewissem Sinn als «Schleichwerbung» bezeichnen kann: das *Product Placement.* Product Placement ist das Verfahren, in Serien oder Filmen bestimmte Warenmarken gegen Bezahlung als Requisiten zu benutzen und deutlich und positiv identifizierbar in Szene zu setzen. Durch die Kontextualisierung der Marke in einer Serie oder einem Film wird der Werbeeffekt noch subtiler und profitiert von der ahnungslosen Teilnahme des Zuschauers an der Sendung. Nach dem Strickmuster des Product Placement scheinen mittlerweile ganze Serien gefertigt zu werden. Mit anderen Worten, um eine Requisitenansammlung von Musik, Kleidung, Accessoires, Autos, Wohnmöbeln usw. wird eine Geschichte maßgeschneidert, in der diese Requisiten eindeutig und vorteilhaft zur Geltung kommen können. Das Filmbudget steht damit, wenn auch nicht auf eigenen, so doch auf recht sicheren Füßen.

Die entscheidende Drehscheibe der Verwirklichung medien-ethischer Ziele dürfte letztlich allerdings der *Medienmacher* sein, dessen Interesse an größerer Zuschauerresonanz, höheren Einschaltquoten und verbesserter Programmattraktivität von ethischer Kompetenz begleitet werden sollte, die sich in seinen Programmgrundsätzen ausdrückt.

Daß Ethik keine natürliche Mitgift des Menschen ist, son-dern erworben, regelrecht *gelernt,* immer wieder *affirmiert* und auch verbindlich *durchgesetzt* werden muß, hat sich für den Sek-tor einer Medienethik der Medienmacher in jüngster Zeit in der Bundesrepublik kaum drastischer offenbart als im Fall des soge-nannten «Gladbecker Geiseldramas», das die hier existierenden erschütternden Defizite überdeutlich an den Tag gebracht hat.

Erinnern wir uns an jenen denkwürdigen Sachverhalt. Zwei Geiselnehmer, Rösner und Degowski, hatten am 16. August 1988 eine Filiale der Deutschen Bank überfallen, Angestellte als Geiseln genommen, ein Fluchtauto und Lösegeld erpreßt. Be-reits von der Bankfiliale aus führten die Verbrecher ihr erstes In-terview mit einem Rundfunksender. Anschließend fuhren sie, bald begleitet von einer Freundin, in einer Irrfahrt durch Teile der Bundesrepublik, kaperten einen Bus, töteten einen 15jährigen Italiener, überquerten die niederländische Grenze, kehrten mit einem Fluchtauto und zwei Geiseln in die Bundes-republik zurück. Am Donnerstag, dem 18. August 1988, 13.50 Uhr, war das Geiseldrama zu Ende. In einer Befreiungsaktion hatte die Polizei mit Waffengewalt interveniert. Eine der jungen Geiseln starb an ihren Verletzungen, die andere junge Frau wur-de lebensgefährlich, die drei Täter schwer verletzt.

Die Täter fielen nicht nur durch ihre kaltblütige und brutale Entschlossenheit, sondern auch durch ihren erstaunlichen Mit-teilungsdrang auf. Dem Desinteresse, mit der Polizei zu verhan-deln, entspricht der programmatische Satz Rösners: *Ich will jetzt nur noch durch die Medien sprechen.* Und in der Tat werden in Gladbeck, Bremen, Rasthof Grundbergsee und Köln Interviews gegeben, regelrechte *Pressekonferenzen* abgehalten, *Fernseh-auftritte* vor laufenden Kameras abgeliefert. Ein Schwarm von

Journalisten begleitet die Verbrecher und bildet gewissermaßen ihren *multimedialen Hofstaat*. Was passiert hier eigentlich?

Es findet erstens ein *Live-Krimi* statt. Ein Geiseldrama, hier mit dem besonderen Kitzel einer ungestellten Live-Story, ist spektakulär und *mediengerecht*, ein passender Kandidat für das *ideale Fernsehereignis* mit dramatischen, kurzen, schnell wechselnden, brandneuen, emotionalen Bildern, in denen sich schon die Ahnung der Katastrophe andeutet. Die menschliche Tragödie, die sich in dieser irrsinnigen Odyssee ereignet, bietet mit anderen Worten fast alle Ingredienzien für eine *optimale Fernsehunterhaltung*, ist ein strukturell und thematisch hervorragend geeignetes Bildobjekt.

Zweitens sitzt in der *Fernseharena* (und nicht nur dort) die «Öffentlichkeit», tausend Kommissare im Fernsehsessel, wie die Frankfurter Rundschau treffend bemerkt hat. Die Öffentlichkeit wird «informiert», das heißt, ihr Appetit auf Blut wird geweckt, indem *totale Öffentlichkeit für Gewalt* entsteht und ein intimer Einblick in Angst und Grauen gewährt wird. Der Appetit auf Sensation ist unbändig. In den Berichten, Interviews, Verfolgungsjagden, detaillierten Recherchen, Meinungen, Analysen, Kommentaren usw. verdichtet sich, je länger das traurige Geschehen andauert, die unheilsschwangere Atmosphäre. Sie ist durchsättigt vom Drang zur Tat, dem Gefühl der Zuspitzung, der Eruption der Gewalt, der drohenden Katastrophe. Zuletzt gibt es in der Arena immer Opfer. Das ist realistisch. Und muß gezeigt werden.

Drittens gibt es da die *Rolle der Täter*. «Ich will jetzt durch die Medien sprechen», hat einer der Geiselnehmer gesagt. Konsequent und systematisch haben sie sich an ihre Maxime gehalten, vor Mikrophonen und Kameras. Die *Medienbenutzung* ist von vornherein eingeplant und steht auch im Dienst der *dramatischen Selbstinszenierung*. Rösner beispielsweise hält sich seine Pistole in den Mund, um zu zeigen, daß er zum Äußersten entschlossen ist. Der Wunsch nach der Kamera: die Kamera in der Nähe haben und sich nicht die Schau stehlen lassen. *Ein dem öffentlichen Voyeurismus entsprechender Exhibitionismus*, das Bedürfnis sich zu produzieren, das öffentliche Interesse, die kollektive Aufmerksamkeit zu genießen, endlich der *Bedeutungslo-*

sigkeit entwachsen zu sein: die kleinen Leute interessiert das Fernsehen ohnehin nur, wenn sie dramatisch agieren oder leiden. Endlich im Rampenlicht stehen. Natürlich auch die Absicht, die *Öffentlichkeit als Schutzschild* zu mißbrauchen und sozusagen eine durch die Medien erzeugte kugelsichere Weste überzuziehen. Denn die Polizei wird kaum ihrerseits gewillt sein, vor surrenden Kameras dramatisch zu agieren und womöglich die Blamage eines Mißerfolgs, den Tod Unschuldiger usw. «vor aller Augen» in Kauf zu nehmen. Öffentlichkeit schützt Verbrecher vor polizeilicher Aktion. Die Rolle des Täters im Medium. Die Szenerie ist grotesk und surreal. Mit gezogener Waffe und Geiseln, unbehelligt und teils unbemerkt, gehen die Täter durch den abendlichen Bremer Straßenverkehr, kapern einen Bus, laden ein Fernsehteam ein, im Bus zu drehen usw. Beutezählende Verbrecher, waffenfuchtelnd in einer Menschenmenge, Reporter, die Fragen stellen, Verbrecher, die antworten, von der Polizei keine Spur. Das Verbrechen erhält nicht nur die *Weihen des Fernsehens und der anderen Medien,* sondern zugleich die *Aura des Natürlichen, Alltäglichen, Kontexte der Normalität.* Eine Menschentraube, die sich sonst vielleicht um eine Musikgruppe in einer Fußgängerzone geschart oder im Winter-Schlußverkauf an einer Warenauslage eingefunden hätte, umsteht jetzt eben neugierig den Wahnsinn des Verbrechens.

Die makabre Kulisse vor laufenden Kameras ist aber zugleich *miterzeugt durch die Medien selbst.* Dies ist der vierte Gesichtspunkt, in dem sich die eigentliche medienethische Problematik der Medienmacher zeigt. Wenn auch der deutsche Presserat in seiner Empfehlung vom 1. Juli 1977 bei Presseberichterstattungen im Falle erpresserischen Menschenraubes für Zurückhaltung, Absprache mit den Strafverfolgungsbehörden, absolute Priorität des Lebens der Geiseln und Absehen von «unangemessen» sensationeller oder detaillierter Darstellung geworben hatte, so war in diesem Fall alles vergessen und auf den Kopf gestellt.

Der Öffentlichkeit, der man suggeriert, daß sie die Sensation hautnah mitverfolgen *muß,* haben die Sensationsjäger das *Drama um Leben und Tod als öffentliches Spektakel,* als Show- und Live-Krimi, am Ende als blutige Tragödie geliefert. Dem Moloch «Medien» wurde schamlos das *Menschenopfer* dargebracht, weil es genau die sensationelle Information und das ideale Medienereignis darstellt. Und dem Selbstdarstellungsinteresse der Verbrecher wurde die Bühne geliefert, um sich vor einem Millionenpublikum in Szene zu setzen. In gewisser Weise wurden die Medien zu Komplizen und Handlangern der Verbrecher, indem sie sich zu ihren *Instrumenten* degradierten. Leitendes Interesse war: Dranbleiben! Was man auswählt, wie man es herstellt, ob man es zeigt, wie man es zeigt, ob man es unterläßt usw., in jeder Phase der Recherche, Dokumentation, Produktion und Präsentation sind ethische Gesichtspunkte relevant (oder wie hier leider deutlich wird: auch nicht).

Es hilft hierbei auch kein Hinweis auf Pressefreiheit, Chronisten- und Informationspflicht oder Dokumentationsinteresse (ein «Dokument der Unmenschlichkeit»). Diese hehren Worte bemänteln allzu leicht eine Pressefreiheit für den Krimi live, die Instrumentalisierung der Medien durch Verbrecher, unabsichtliche Handlangerdienste, Befriedigung des sensationslüsternen Voyeurismus und des Nervenkitzels. Medien sind sicherlich (gedacht als) gesellschaftliche Instrumente zur Herstellung von Transparenz. Wenn die Medienmacher allerdings vom Berichterstatter zum Akteur werden, wird hier kein Geschehen mehr transparent gemacht, sondern erzeugt. Die Lust der Medien, nicht nur ihrer Konsumenten, an der Sensation, versinnbildlicht in einer mediengerecht inszenierten realen Gewalt, ergänzt den Zynismus der Verbrecher durch einen *Zynismus der Medien* und fügt der *Tragödie des Geschehens* noch die *Tragödie der Darstellung* hinzu.

Nicht zuletzt zeigt sich hier deutlich, daß Bilder und Informationen, auch und gerade wenn es um Menschenleben geht, *Warencharakter* angenommen haben. Sie sind Waren auf einem heiß umkämpften, freien, wettbewerbsbestimmten *Markt*. Auch Geiseln sind hier nur Ware. Sensationell und damit gut verkaufbar ist eine Ware aber nur dann, wenn sie Erst- oder Spezialinformation oder auf irgendeine Weise exklusiv ist. Ethik bleibt hier spätestens im Wettlauf mit der Konkurrenz auf der Strecke. Und erst wenn das tödliche Finale, der tragische «Showdown» zu Ende gebracht ist, leistet man sich – auch Stoff für ein paar Zeitungszeilen und Fernsehminuten – den Luxus moralischer Entrüstung, eine Empörung, die während den «Aktionen» nichts als störendes Hintergrundsgeräusch gewesen war. Ethik taucht hier nur noch in der süffisanten Variante des nachträglichen Lamentos auf, eine ironische Geste, die sich im Grunde selbst belächelt.

Dieser Würdelosigkeit, für die die massenmediale Gesellschaft ihre besonderen Formen und ihre besonderen Anfälligkeiten entwickelt, und die im Gladbecker Geiseldrama einen kraßen, nicht mehr kaschierbaren Ausdruck gefunden hat, kann nur durch Medienethik begegnet werden, die sich in den Dienst einer Medienkultur stellt.

Ethik des Konsumenten

Aufklärung

Der «Benutzer», «Empfänger» oder «Konsument» der Medien hat oft mehr Einflußmöglichkeiten als gemeinhin vermutet wird. Denn er bildet ja letzten Endes die Abnehmerschaft für das Programmangebot, das auf ihn hin konzipiert wird. Bevor man allerdings auf große Veränderungen des Zuschauerverhaltens in einem kollektivenMaßstab warten wird, muß sich *jeder einzelne* für die eigene Medienbenutzung verantwortlich fühlen. Diese Verantwortung verlangt eine große Anstrengung. Vor allem dann, wenn der massenhafte Trend nicht konform geht mit der individuellen Anstrengung, und wenn das verführende Medium im Gewand unschuldiger Unterhaltung aufzutreten scheint und jeden Kritiker von vornherein als «Spielverderber» und «Schwarzseher» diskreditieren möchte.

Ein wesentliches Moment der eigenen Mündigkeit, die sich Souveränität und Unabhängigkeit gegenüber den Medien zu bewahren sucht, ist *Aufklärung.* Aufklärung heißt zunächst einmal *Wissen über einen Gegenstand,* in diesem Fall: angemessene Kenntnis über Funktion, Struktur und Wirkungsweise der Medien. Aufklärung heißt aber vor allem auch *Wissen über sich selbst* und um die jedermann obliegenden *kulturellen Verpflichtungen.* Licht in das Dunkel der Medienwirkungen zu bringen, ihre Funktionen und Strukur zu beleuchten und in diesem Sin-

68

ne «aufklärend» zu wirken, ist ein zentrales Anliegen dieses Buches. Den weitaus schwierigeren Teil eines *personalen Wissens* um sich selbst, das das *funktionale Sachwissen* ergänzen muß, und eine diesem Wissen *entsprechende Praxis* sind letzten Endes niemand abnehmbare Aufgaben an sich selbst. In diesem Sinne bleibt *Selbstaufklärung* unersetzliche Eigenleistung und kann gar nicht erwarten, von einem anderen präsentiert und übernommen zu werden.

Wenn man über Alternativen im Bereich einer Medienethik des Konsumenten nachdenkt, so kann man über die unersetzliche Eigenleistung der Selbstaufklärung und der inneren Arbeit an sich selbst grundsätzlich folgende Gesichtspunkte in Betracht ziehen: Kenntnis, Sachwissen usw. sind notwendige Elemente einer mündigen Medienbenutzung. Aufklärung auf diesem Feld bedeutet also den Gewinn einer spezifischen *Immunität* und entspricht der Entwicklung eines *kritischen Medienbewußtseins.* (Ich merke hier nur nebenbei an, daß die Entwicklung eines kritischen Medienbewußtseins gerade in bezug auf die Bildmedien nicht eben im und durch das Fernsehen geleistet werden sollte, ein Verfahren, das eher der Austreibung des Teufels durch Beelzebub zu gleichen scheint, ohne daß dieser Vergleich eine «Verteufelung» oder Dämonisierung des Fernsehens nahelegen möchte.)

Weitere Elemente sind die Erkenntnis *kultureller Mitverantwortung,* eines *anthropologischen Selbstverständnisses* des Menschen (das «Menschenbild») und des *Zusammenhangs von Glück, Askese und Unterhaltung.* Diesen Gesichtspunkten widmen sich die nachfolgenden Kapitel.

Als sinnlose Waffe erscheint dem Nachdenken über Alternativen der Appell «Abschaffen!». Er ist in hohem Grade unrealistisch und könnte nur wilde Streiks, Zusammenrottungen, Attentate auf Leib und Leben und den gesamten Volkszorn hervorrufen. Er verkennt, daß wir in das Zeitalter der Informationsgesellschaft eingetreten sind. Und vor allem: Er mißachtet die demokratisch lebensnotwendige Funktion, die Bevölkerung mit einer Grundversorgung an Information, Kultur und Unterhaltung zu versehen. «Fernsehen abschaffen» hieße, eine soziale Institution, ein demokratisches Medium und ein kulturelles Instrument abzuschaffen.

Auf Dauer stumpfe Waffen dürften wohl auch völliges Fernsehverbot für Kinder oder inhaltlich-qualitative Verbesserungsversuche für den ernsten Diskurs sein. Das Fernsehen ist ein emotionales Medium, ein Unterhaltungsmedium, am idealen Fernsehereignis orientiert und tendenziell darauf aus, alles, auch den sogenannten ernsten und anspruchsvollen Bereich, entsprechend zu transformieren und anzugleichen. Ein ganz wichtiges Feld ist allerdings ohne Frage die *Kinderbegleitung*. Ist das Fernsehen in gewisser Weise das Ende der Aufklärung, so ist die Erziehung ihr Anfang. Sie kann und muß eine Art doppelte Schutzimpfung werden, Prävention und Grundimmunisierung. Einerseits sind hier die Eltern selbst aufgefordert, durch eingeschränkten Fernsehkonsum *Vorbildfunktion* wahrzunehmen. *Wenig-Sehen* muß aber begleitet werden von einem *gemeinsamen Ansehen* und Besprechen dessen, was die Kinder bewegt. Und selbstverständlich muß der eingeschränkte Fernsehkonsum durch andere *Spiel- und Aktivitätsangebote* ausgeglichen werden. Andererseits ist auch die «Schule als Kulturträger» aufgefordert, Erziehung als Fortsetzung von Aufklärung zu betreiben und einen frühzeitigen *medienkritischen Umgang* einzuleiten. Medienerziehung, Medienkritik und Medienkompetenz müssen Lehrplangegenstände allererster Priorität werden. Kinder, also die Träger der Kultur von morgen, müssen stets auch Sand im Getriebe einer etablierten Gesellschaft bleiben können, die ihre Zustimmung erst immer gewinnen muß. Der Weg vom elterlich eingeschränkten und schulisch begleiteten zum selbstkontrollierten Fernsehkonsum und zum kritischen und reflektierten Umgang mit den Medien muß in jedem Fall den beiden Extremversuchungen widerstehen: der Naivität einer Verharmlosung der Medien und den nur-pessimistischen Kassandrarufen, die sich gerne mit einer konservativen Ideologie der Glorifizierung des Alten verbinden. Einer Gefahr übrigens, der auch Postman mit seiner Romantisierung des Buchdrucks und des «homo typographicus», des lesenden und buchstabengeprägten Menschen, nicht entgeht.

Aufklärung im Dienst einer *Medienethik,* so wie sie hier angedeutet ist, kann allerdings *nicht als isolierte Partikel* betrieben werden. Sie ist eingebettet in das Programm einer *Medienkul-*

tur, die ihrerseits in den Kontext einer *Gesamtkultur* eingefügt ist, in der sich die großen kulturellen Gesichtspunkte des Lebens und Handelns, Religion, Kunst, Wissenschaft, Wirtschaft, Politik und Recht, wieder *gegenseitig durchdringen* und *wechselseitig stabilisieren* und *inspirieren* müssen. Das große Defizit unserer kulturellen Lage, das *kontaktlose Auseinanderfallen* in verschiedene Subsysteme oder ihr gleichgültig-beliebiges Nebeneinander, muß heute überwunden werden. So wie das Leben eines Menschen sich unter dem Gesichtspunkt einer koordinierten, im besten Fall: versöhnten Einheit seines Tuns und Lassens zusammenfügt, in der das Heilige, Schöne, Wahre, Nützliche, Gerechte und Gute zugleich realisiert wird, so kann auch die *Gesamtkultur* nur durch *wechselseitige Durchdringung* ihrer kulturellen Teilbereiche ihre gute Pluralität integrieren und vor dem Zerfall in schlechten Pluralismus bewahren. Letztlich kann sich Mündigkeit und Aufklärung nur in einem derartigen gesamtkulturellen Kontext kritisch orientieren und damit auch dem Phänomen einer Medienkultur und Medienethik einen nachvollziehbaren und gehaltvollen Ort geben.

Kulturelle Mitverantwortung

L. Kolakowski hat unsere Kultur einmal als *Kultur der Analgetika* gekennzeichnet. Das gesamte Leben ist durch Verdrängung, Flucht, Vermeidungsverhalten, Kompensation und Drogen maßgeblich bestimmt. Dieser kulturelle Gesamtrahmen entspricht in weiten Zügen der Epochendiagnose, die im ersten Kapitel entfaltet worden ist. Das Fernsehen als Droge, Eskapismusmedium, Lebensersatz, Therapeutikum gegen Einsamkeit oder Stress und Sinnstiftungsmaschine fügt sich nahtlos in diese Kultur der Analgetika ein.

Wer Selbstaufklärung nicht isoliert, sondern im *Zusammenhang einer gesamtkulturellen Orientierung* begreift, muß sich sowohl die kulturelle Herkunft der Gegenwartslage vergegenwärtigen als auch ihre mögliche Zukunft, so wie sie sich teilweise bereits andeutet, imaginieren. Sachwissen über das Medium, anthropologisches Selbstverständnis, kulturelles Gesamtbewußtsein und ein Auge für das geschichtliche Gewordensein und sich abzeichnende Tendenzen gehen Hand in Hand.

Nun ist es evident, daß das Fernsehen nicht nur eine *latente Anthropologie,* sondern auch eine *latente Kulturvorstellung* und ein entsprechendes Lebensmodell enthält bzw. favorisiert und zugleich in einen geschichtlichen Rahmen *starker anthropologischer und kultureller Desorientierung,* aber relativ eindeutiger technischer und sozialer Entwicklungslinien fällt. Von seiner Struktur her bevorzugt das Fernsehen Inhalte und Darstellungsformen, die auf den *Medienmassenmenschen* und seine *Unterhaltung* zugeschnitten sind. Eine eigentümliche *Grunddialektik* des Fernsehens ist, daß es das Banale verbreitet und durch Verbreitung banalisiert. Die Situation der Desorientierung unterfängt das Massenmedium durch vergnügliche Ablenkung. Der relativ eindeutige Megatrend zur *vollständig durchorganisierten Informationsgesellschaft* verweist auf gefährliche Möglichkeiten der Einflußnahme, Kontrolle, Durchleuchtbarkeit, Manipulation und informationellen Abhängigkeit des «gläsernen Menschen». Achtet man in diesen Entwicklungsmöglichkeiten *nur* auf die negativen Momente, so ist der sich hier anbahnende kulturelle Gesamtzustand kurz und bündig als Variante des *technokratischen Totalitarismus* zu bezeichnen. In ihm verschmelzen die beiden Motive des *technologischen Fortschritts* und des *allmächtigen Staates* so, daß sich die Staatsallmacht für ihre uniformierenden und kontrollierenden Absichten technisch perfizierter Manipulationsmöglichkeiten, insbesondere einer *informationellen Diktatur* und einer *Diktatur der Massenmedien* bedient.

Wahrscheinlich ist diese starke Behauptung eine «Hiobsbotschaft», die sich, weil sie nicht in Reinform vorliegt, leicht als Horrorvision *denunzieren* läßt. Wenn sie in Reinform vorliegt, ist es ohnehin zu spät, weil das damit verbundene Maß an Perfektion Widerspruch oder Widerstand illusorisch machen dürfte. Man kann sich dann vielleicht noch hinter vorgehaltener Hand von denen, die heute gegen den medienkritischen Protest protestieren, anhören, daß die, die es doch eigentlich gesehen und besser gewußt haben, nicht rechtzeitig oder vernehmbar genug gewarnt hätten. Gleichgültig nun, ob sich eine Reinform des technokratischen Totalitarismus verwirklichen wird oder nicht, die problematischen Momente, die zu einem solchen

Endzustand führen könnten, sind heute partiell verwirklicht. Jede medienethische Besinnung des Medienkonsumenten muß dies sehen, in seine Kritik und Distanzierungsfähigkeit aufnehmen und als wachsamer Beobachter des Zeitgeschehens begleiten.

Die sanfte Entwaffnung und Entmündigung durch die Medien, die Idee der mit ihnen verinnerlichten Herrschaft, der raffinierten Verführung, der Manipulation ohne Zwang, entspricht im Effekt dem besprochenen Aphorismus, daß es auch in der Medienpolitik darauf ankommt, den Hund so lange zu streicheln, bis der Maulkorb fertig ist. Ich benutze dieses höchst illustrative Bild hier ein zweites Mal, um das zu umschreiben, was Postman mit seiner Bezugnahme auf A. Huxley klarstellen will. Der Begriff der rohen, äußeren Gewalt beziehungsweise des schwarzen Terrors ist heute ersetzt durch eine sehr sublime und subtile Verführungsmaschine. *Weißer Terror* ist Menschenkontrolle durch Zufügung von Lust und Unterhaltung, ein schleichender, kryptischer Totalitarismus unter dem Anschein der Freiheit. Was hier aus der subjektiven Erlebnissicht als Freiheit, innere Spontaneität, Selbstbestimmung, selbstgewählter Haltungs- und Einstellungswandel erfahren wird, erweist sich in einer kritischen Sicht als *verinnerlichte Unterdrückung,* als undurchschaute, *von außen initiierte Selbstunterdrückung.* Die raffinierteste Variante des Mordes ist die, die den Anschein des Selbstmordes erwecken kann und von einer Liebe zum Anstifter geleitet ist.

Der Verlust der Urteilskraft, Passivität durch Informationsüberflutung, Verlust der Wahrheit in einem Meer von Belanglosigkeit, Lebensersatz, Sehnsucht nach Trivialität, Zerstreuung, Unterhaltung usw. präparieren den Konsumenten zu einem hervorragenden Kandidaten für eine medientechnokratische, informationelle Diktatur. Die *Tendenz der Medien zur Totalisierung,* zur äußeren Allgegenwart als Bestimmung und zur inneren Angleichung des Konsumenten durch seine «Einstellung», ist ohne den Begriff der *Dekadenz* nicht recht erläuterbar. «Dekadenz» ist sicher ein schwer definierbares, aber doch auch unentbehrliches Wort, mit dem hier jener Vorgang der Angleichung an das Medium, der Kontaktverlust zu Geschichte, wirklichem Menschenleben, primärer Realität usw. gekennzeichnet ist. Die Medien, allen voran das Fernsehen, errichten eine *Welt des schönen Scheins.* An einer netten und vergnüglichen Scheinwelt ist gar nichts auszusetzen, solange sie sich nicht irrtümlich für die Wirklichkeit erachtet oder Wirklichkeit allmählich nach ihren Maßstäben umformt oder erzeugt. Man mag das Märchen von des *Kaisers neuen Kleidern* gerne hören und neuerdings eben anschauen; denn der neue Kaiser heißt heute zum Beispiel «Fernsehen». Wenn aber die Märchen wirklich werden wollen, muß der kritische Menschenverstand rufen: «Er ist aber doch nackt, er hat doch gar nichts an». Der *kollektive Verblendungszusammenhang* droht sonst zu einem gefährlich sicher stabilisierten allgemeinen Wahnsinn zu werden, zu dessen oberster stillschweigender Verabredung es gehört, nur nicht das System in seinen Grundannahmen in Frage zu stellen.

Das Märchen von «Des Kaisers neuen Kleidern» erinnert uns an das uralte Grundproblem von «Sein und Schein» und kann auch noch in einer anderen Neufassung erzählt werden. Nachdem die Demokratisierung so weit vorangekommen ist, daß der Kunde König (bzw. Kaiser) geworden ist – übrigens ein Werbeslogan – will er auch wie ein Kaiser verwöhnt werden. Der Kaiser wünscht sich zu amüsieren. Man möge ihn also unterhalten! Den Medienmachern, die sich hier auf das Allerhöchste verdient gemacht haben, wird der hoheitliche Märchen-Titel der «geheimen Hofweber» verliehen. Was das Sein, die Wirklichkeit und Wahrheit angeht, so haben sie das Unangenehme an sich, daß man hier Rede und Antwort stehen, sich korrigieren lassen und Gründe angeben muß, was ein langweiliges Geschäft ist. Das Schlimmste aber ist, daß die Beschäftigung mit der Wirklichkeit so enttäuschend ernsthaft ist, daß sie immer zu Konsequenzen für ein richtiges, zu gestaltendes Leben auffordern muß. Genußreicher ist es darum, nicht richtig, sondern richtig *schön* zu leben. Spiel, Show, Theater, sie alle bauen wunderschöne Fassaden und Kulissen auf, Attrappen, die schon gar nicht mehr recht von der Wirklichkeit zu unterscheiden sind. Die Illusion ist verblüffend echt. Und das Wichtigste ist: sie macht Vergnügen und fordert nichts. So liebt der Kaiser, aber bitte: kaiserlich, die Verkleidung des Nichts und den schönen

Schein. Es gefällt ihm der Reiz des Auges und das Betören und das galante Täuschen und die Verführung der Sinne und die Zerstreuung, eben der Sieg des Scheins über das Sein.

Will man diese märchenhafte Ironie in eine medientheoretische Sprache zurückübersetzen, so könnte man mit Postman sagen, daß das Fernsehen unser zentrales *epistemologisches Medium* geworden ist, das durch seine ungeheure Resonanz seine Sichtweise in uns *universalisiert*. Indem es Rationalität und Emotionalität mit seiner Optik überschwemmt, verwandelt es den Menschen in ein Wesen mit *Fernsehvernunft* und *Fernsehemotionalität*.

Für den technokratischen Totalitarismus und die informationelle Diktatur, wie sie hier *imaginiert* werden, zeichnet sich sozusagen eine *Dreiklassengesellschaft* ab: Experten, die das technokratische Szenarium und den Medienspektakel dirigieren, also die Expertenmacht der medienmächtigen Bedürfnisingenieure, der konsumierende Medienmassenmensch und der gettoisierte Außenseiter als gesellschaftlich verfemter Irrläufer. Überspitzt gesagt, gleicht der Medienmassenmensch der weidenden Herde. Als Adam erwachte, man kann beispielsweise an Michelangelos Darstellung in der Sixtinischen Kapelle denken, als Adam zum Menschen erwachte, trat ein *Fragen* in seine Augen. Kein Tier hat solch fragende Augen wie ein Mensch, der zum Kulturwesen, zur Aufgabe, zur Frage und seiner Sehnsucht nach einer Antwort, die größer ist als er selbst, zu einer ewigen Antwort erwacht ist. Wenn man nur Augen sehen würde, wüßte man im Grunde immer, ob ein Mensch oder ein Tier schaut. Aber der Mensch kann wieder Tier werden, dumpf werden. Die Warnung vor dem technokratischen Totalitarismus weist gerade auf diese Gefahr hin, daß die verinnerlichte Herrschaft der Medien, das fernsehende Auge *am Ende* etwas anderes ist als das erwachte Auge Adams. Die private und öffentlichrechtliche Netzhaut spiegelt die Manipulationsmacht der Medienumformung. Der Medienmassenmensch erscheint als Pinwand, als zutraulicher, kleiner Meinungsträger: jeden Tag tausend neue Schilder in der Hand, stets tausend neue Indoktrinationen angeheftet, ein absurder, ohnmächtiger Odysseus im Labyrinth tausendfachen Scheins.

«Schöne neue Fernsehwelt» hieße also zuletzt tagtägliche innere Umweltverschmutzung – ganz analog und ähnlich katastrophal wie die äußere ökologische Katastrophe, die dem Menschen im wahrsten Sinne des Wortes den Verstand raubt und ihn durch die total werdende Medienperspektive ersetzt. Die Enteignung des Denkens geschieht in diesem Fall durch ein emotionales Medium auf im wesentlichen emotionalen Wegen des Unbewußten, Vorrationalen, der Gefühle, Ängste, Phantasien, der Lust und des Vergnügens, die eine Anpassung und Angleichung des Konsumenten an das auf ihn umfassend und allgegenwärtig zugreifende Medium bewirken. Das Produkt dieser leisen Vergewaltigung ist der Medienmassenmensch.

Verantwortung vor der Gegenwartskultur

Fernsehen als prägnantes Modell der Massenmedien ist einerseits charakterisiert worden als gesellschaftliches Instrument zur Herstellung von Transparenz, als soziale Institution, als demokratisches Medium und kulturelles Instrument. Andererseits erscheint es als bedenkliche Welterzeugungsmaschine oder Manipulationsmöglichkeit des technokratischen Totalitarismus und informationeller Diktatur. Man kann Fernsehen als Gefahr nur in einem beschränkten Sinn auf der *Ebene des Mediums* selbst bekämpfen durch Aufklärung, Askese, Konzentration. Massenmedien sind ihrerseits in einen größeren Kontext gestellt, den sie spiegeln und verändern. Auf einer *mittleren Ebene* muß darum Medien- und Kulturpolitik das maßgebliche Instrument der Wahl sein. Wer zu Recht dem Leitsatz folgt, daß der urteilsfähige Bürger ein informierter Bürger sein muß, wird sich also über die medienspezifischen Merkmale der Urteilstrübung hinaus mit dem medienkulturpolitischen Kontext beschäftigen. Auf dieser Ebene wird er die gewöhnlich geforderten Prinzipien der Berichterstattung «Vollständigkeit», «Objektivität» und «Verständlichkeit» nicht nur durch die medienspezifischen Gesetze, sondern beispielsweise auch durch politische und finanzielle Abhängigkeiten bedroht sehen. Ich will hier nur zwei Beispiele nennen.

Die finanzielle Abhängigkeit der Sender wird in dem Maße zunehmen, wie der Trend zum privaten Kommerzsender anhält. Da Werbepreise an Einschaltquoten gekoppelt sind und diese wiederum durch konsumorientierte Massenproduktionen erhöht werden, findet das statt, was gelegentlich die «Selbst-kommerzialisierung» der Sender genannt wird: Information wird zur Ware, der Redakteur oder Journalist zum Verkäufer und der Zuschauer zum Konsumenten. Faktisch bedeutet dies für das Informationsangebot entweder eine Reduktion oder eine Transformation; das heißt, Informationen werden entweder durch Unterhaltung ersetzt oder als Unterhaltung präsentiert, etwa in sogenannten «news-shows».

Das zweite Beispiel bezieht sich auf den Verlautbarungsjournalismus («Wie aus zuverlässiger Quelle verlautet...»). Hier liegt die Gefahr für kritische Berichterstattung, die das Publikum zu urteilsfähigen Gesprächsteilnehmern machen will, in der Informationsquelle selbst. Politische Öffentlichkeitsarbeit und Nachrichtenagenturen ersparen häufig eigenständige Recherche und servieren dafür kritikfrei reproduzierbare «Informationen», die an der Imagepflege der Informationsquelle und der von ihr inszenierten Wunschbild-Realität ausgerichtet sind. Man nennt dies beschönigend «news-management». Am Ende steht hinter solchen Abhängigkeiten vielleicht die schlichte Sorge, daß der negative Bericht über eine Informationsquelle ihr Versiegen bedeuten könnte.

Ist die erste Aufmerksamkeits- und Verantwortungsebene die des Mediums selbst, die zweite sein medien- und kulturpolitischer Rahmen, so ist die *dritte Ebene* grundsätzlicher Art: Verantwortung vor dem *gesellschaftlichen Großkontext,* innerhalb dessen Massenmedien funktionieren und existierende Gefahrenmomente gegebenenfalls bewahren, verstärken oder vervielfachen. Ich spreche von der *wissenschaftlich-technischen Zivilisation* und ihrer vorläufig letzten Variante, der *Informationsgesellschaft* und *Unterhaltungsindustrie.*

Um von vornherein einem Mißverständnis vorzubeugen, will ich ausdrücklich betonen, daß es sinnlos und unangemessen ist, Wissenschaft und Technik zu dämonisieren. Als ein interessiertes, neugieriges Wesen sucht der Mensch danach, die Welt forschend zu begreifen. Als ein mit chronischen Bedürfnissen der Lebenserhaltung ausgestattetes Wesen setzt sich der

Mensch auch notwendig arbeitend zur Natur in Beziehung. Dieses Naturverhältnis ist durch ein Naturverständnis bestimmt, das Natur als Ressource zur Befriedigung menschlicher Bedürfnisse auffaßt und mit ihr wirtschaftet. Der legitime Kern des menschlichen Herrschaftsinteresses ist die Beseitigung eines als bedrängend und grausam erfahrenen naturwüchsigen Schicksals: Vermeidung menschenunwürdiger Arbeit, Hilfen gegen Leiden, Krankheit und Hunger, Steigerung der Sicherheit, Hebung des Lebensstandards, Entlastung der Daseinsbewältigung.

Allerdings hat sich die neuzeitliche Wissenschaft mehr und mehr von einer sensiblen Achtung des *Selbstwerts* der Natur, ihrer inneren Sinn- und Zweckhaftigkeit emanzipiert. Die instrumentelle Vernunft der Neuzeit ist unbeschränkt programmatisch und nimmt die Natur als überdimensioniertes Rohstoffreservoir und als Manipulationsmasse zur Deckung menschlicher Bedürfnisse. Die *erste Ironie* dieses titanischen Willens zur Macht begegnet uns heute als *globale ökologische Katastrophe.*

Die *zweite Ironie* ist subtiler, aber nicht weniger folgenreich. Lange Zeit war der Mensch der Akteur in einem Spiel, in dem er durch die Herrschaftsinstrumente Wissenschaft und Technik die angeblich ziel- und sinnlose außermenschliche Natur ausbeutete. Heute hat er sich selbst als ein *solches* Stück Natur «wiederentdeckt». Er wird selbst wertfreies wissenschaftliches Objekt und Experimentiergegenstand. Er konstruiert sich selbst und wird zur eigenen Ressource des Machbaren.

Der enorme Fortschritt und Erfolg und diese eigentümliche Rückwendung der naturwissenschaftlich-technischen Sicht auf sein eigenes Subjekt hat es in erstaunlichem Maße mit sich geführt, daß sich diese Sichtweise in die menschliche Seh- und Sprechweise eingelagert hat. Die wissenschaftlich-technische Denkform ist in die menschliche Existenz eingedrungen und beherrscht mit bestimmten Kategorien seine Selbstauffassung und Selbstgestaltung. Neben die Entwicklung zur Massengesellschaft, in der die industrielle Massenproduktion einen Massenkonsum hervorbringt, der Verbrauchsgewohnheiten und äußeren Lebensstil angleicht, ist eine parallele innere Uniformierung getreten. Bestimmte wissenschaftlich-technische Kategorien haben sich der Gesamtselbstauffassung des modernen Menschen so bestimmend eingelagert, daß sie ihm als «Selbstverständlichkeit» vorkommen und sein Denken, Sprechen, Sehen, den Umgang mit sich, mit anderen und mit der Natur bestimmen. Ich möchte einige dieser Kategorien nennen und kurz kennzeichnen.

Anthropozentrismus: der Mensch steht im Mittelpunkt. Der Geist des totalen Machens, der alles vernutzen und verwerten will, stellt den Menschen als ungehemmtes Bedürfniszentrum vor. Er kennt nur das Modell eines Kreises, in dessen Zentrum die schrankenlose menschliche Bedürftig- und vor allem Begehrlichkeit steht und an dessen Peripherie die manipulierbaren Nutzwerte der ansonsten «nutzlosen» Natur um sie kreist. Hier «dreht sich alles um» die menschliche Bedürfnisperspektive.

Hypothetisierung: alles ist vorläufig. Hypothese ist der zentrale Begriff wissenschaftlichen Forschens. Sie wird getestet und eventuell, unter weiterem Vorbehalt, akzeptiert. Hier gibt es keine endgültigen oder abschließenden Überzeugungen, keine definitiven oder unbedingten Wahrheiten. Was im wissenschaftlichen Forschen «offen» und «undogmatisch» sein mag, kann allerdings verheerend werden, wenn es keine unantastbaren Wesensgrenzen und Tabuzonen mehr gibt, zum Beispiel im Bereich der Menschenwürde und Menschenrechte.

Funktionalismus: alles ist austauschbar. Das einzelne als Besonderes interessiert das wissenschaftlich-technische Denken nicht. Ihm kommt es auf den Fall, die fallweise Funktion innerhalb einer Regel oder eines Gesetzes an. Diese experimentelle Einstellung vergegenständlicht alle Phänomene und macht sie durch diese *Objektivierung* erklärbar, manipulierbar, beherrschbar. Die prinzipielle *Austauschbarkeit* und *Ersetzbarkeit* des Einzelfalls und seine *Beherrschbarkeit* als Gegenstand dienen wiederum praktisch-technisch den Nutzenüberlegungen, letztlich der Verwertbarkeit und der Lustmaximierung. Das «Was kann ich mit dem Phänomen alles machen, wenn ich es habe, wie kann ich es nutzen und gegebenenfalls ersetzen und austauschen» der *hypothetisch-funktionalen Denkweise* bestimmt weithin den Zeitgeist der Moderne, zum Beispiel die Nutzen-Austausch-Experimentier-Mentalität im Arbeitsleben oder im Umgang der Geschlechter miteinander.

Homogenisierung: nur wissenschaftliche Erfahrung gilt. Vormals galt, wer weit gereist war, viel gesehen und erlebt hatte. Auch und vor allem «innere Erfahrung», Erfahrung im Umgang mit sich selbst und dem eigenen mühsamen Selbstwerden, galt als zentrale Erfahrung. Innere Arbeit an sich selbst war genauso oder noch wichtiger und auch anstrengender als Arbeit in einem äußeren Sinn. Insbesondere kommt im «vor»-wissenschaftlichen Erfahrungsbegriff das ganze Subjekt liebend, hassend, fühlend, wertend, wollend, denkend mit all seinen Motiven, Absichten, Emotionen usw. vor. Der reduzierte Erfahrungsbegriff der Wissenschaften *deklassiert* diese Erfahrungen als private, uneigentliche Erfahrungen, die jederzeit in die eigentliche, das heißt «wissenschaftliche» Erfahrung übersetzt werden können. Dieser wissenschaftliche Erfahrungsbegriff verlangt Objektivität, Neutralität, Wiederholbarkeit unter standardisierten Bedingungen eines experimentellen Rahmens. Durch diese *Uniformierung* verschwindet der ursprüngliche Reichtum des ganzen Subjekts, seine Spontaneität und «Unberechenbarkeit», das Überraschende und Einmalige, das Unersetzbare, Nicht-Austauschbare und Neue, sein Geheimnischarakter und wird durch die Wiederholung des Wiederhol-, Prüf- und Beherrschbaren ersetzt.

Szientismus und Technizismus: alle bedeutenden Menschheitsprobleme, das Glück des Menschen und seine Krisen, so will es dieses Glaubensbekenntnis, gelten als wissenschaftlich erklär- und beschreibbar und technisch lösbar. Das unerschütterliche Vertrauen, daß alles wissenschaftlich machbar sei, drängt zugleich auf eine Vervollkommnung und *Universalisierung des totalen wissenschaftlichen Machens* und eine Ausweitung der Expertenreflexion.

Progressismus: auf nach «wissenschaftlich Utopia»! Der wissenschaftliche Universalismus ist traditionell verbrüdert mit der Idee des Fortschritts. Wissenschaft und Technik tendieren ihrem Motiv nach auf eine Diesseitskultur völliger Bedürfnisbefriedigung des funktionalen Bedürfnisbündels «Mensch». Der Fortschritt rechtfertigt alle Mühen und Entbehrungen, weil an seinem «Ende» die realisierte technokratische Sozialutopie einer von Daseinsbewältigungen entlasteten, selbstentfremdungsfreien paradiesischen Überflußgesellschaft steht.

Natürlich ist die *wissenschaftlich-technische Denkform* in ihrer Übermacht nicht widerspruchslos hingenommen worden. Zu den Gegenreaktionen zählt ein großes Spektrum unterschiedlichster *Ausbruchsversuche,* die kaum angemessen aufzuzählen sind. Augenfällig ist, daß in den Zauber des Fortschrittsoptimismus vielfach die Infektion des Sinnlos-Absurden eingedrungen ist. Das Gefühl des austauschbar Überflüssigen, des Überdrusses und der geheimnislosen Langeweile ist vielfach zum mentalitären Grundklima geworden.

Obgleich die Fortschrittsidee nicht aufgegeben worden ist, zerfällt doch der Fortschrittsoptimismus weithin, und wird der *Nihilismus* Massenphänomen. Die verschiedenen Formen der *Existenzphilosophie* und des *Existenzialismus* haben dies registriert und versucht, der szientistischen Umklammerung des modernen Denkens wieder ein Reich der Subjektivität, der Freiheit und Werte abzutrotzen. Für den größten Teil dieser Unternehmungen gilt allerdings, daß sie sich zwar von der Wissenschaft befreien konnten, aber doch so, daß die wiedergewonnene Freiheit in den leeren, entwerteten Räumen der szientistischen Zerstörung, in den Räumen der Angst, der Absurdität, des Nichts, des Todes bleibt. Die wissenschaftlich-technische Übermacht hat ihnen deutlich den Rahmen des Revoltierens und der Freiheit diktiert.

Ähnlich schafft das überschnelle Veränderungstempo des Fortschritts in Wissenschaft und Technik und der bereits durch ihn erzielte Zerstörungsgrad der Natur und der menschlichen Lebenswelt Dunkelräume, Angsträume, Desorientierung, die kompensiert werden müssen. Ich möchte hier nur zwei der Ausbruchsversuche aus der szientistischen Umklammerung nennen, die die Identität eines guten Lebens im Medium einer vertrauten Welt zu erlangen suchen. Ein *nostalgischer Vulgärhistorismus* beispielsweise versucht, zwischen Antiquitäten, Trödelläden, Flohmärkten, Museen usw. ein Stück Heimat, ein Stück Herkunftsidentität zu finden. Die Flucht aus der Gegenwart in das Refugium nostalgisch-musealer Geschichtszuwendung verdrängt die Krise aber nur und ist darum eher ihr Symptom als moralische Grundlage zu ihrer Lösung. Eine alternative Bewegung ist die des *ökologischen Protests* oder der ökologischen Verweigerung, der eine bedeutende moralische Qualität und Appellfunktion zukommt, obwohl auch in ihr Technikdämonisierung, gefühlige Naturromantik oder subtile funktionale Argumentation (vom «Brauchen» oder «Nutzen» einer intakten Natur «für uns») eine nicht unerhebliche Rolle spielen.

Dennoch ist es nicht unwahrscheinlich, daß alle Gegenreaktionen ohne dauerhafte und substantielle Wirkung auf die Übermacht der wissenschaftlich-technischen Denkform bleiben werden. Sie interpretiert sich als im Grunde *alternativlos*. Und dies kann sie nicht zuletzt deshalb, weil sie die *Selbstauffassung* des Menschen, seine *Innerlichkeit* entscheidend *ergriffen* hat. Die szientistische Denkform wird mehr und mehr zum Alltag, sie wird selbstverständlich. Die unbegriffenen Reflexe auf die hierbei entstehenden Defizite, wie beispielsweise der Drogenkonsum oder die New-Age-Szene, sind Symptome, die nicht zur Beseitigung der Ursachen, sondern nur zu einer symptomatischen Therapie führen. So wird das «religiöse Bedürfnis» des Menschen und seine «Ansprechbarkeit» auf New Age oder Okkultismus oder X-Beliebiges als «Boom» medienwirksam verarbeitet, inszeniert und verbraucht, bis sich eine neue «Mode» oder «Welle» für ein nächstes Spektakel und entsprechende Finanzeinnahmen zu lohnen scheint. Die Kategorien des Szientismus haben sich in die menschliche Selbstauffassung derart eingegliedert, daß sie selbst ihren Kritikern weithin ihre Sprechweise oktroyieren und ihnen Sprachnischen belassen, in die sie kriechen dürfen, um wie fossile Museumsstücke mit szientistischer Objektivität und Pragmatik verhöhnt und verspottet zu werden. Diese Kategorien bilden die *Grammatik einer Ideologie*, die den Menschen in Form eines *selbstverständlichen Klimas* beherrscht und das den *Großkontext* eben auch der *massenmedialen Kultur* darstellt.

Kontext für die Massenmedien heißt hier: *sie funktionieren auf dem Hintergrund dieser Kategorien, und sie korrespondieren ihnen, das heißt, sie bilden sie ab und verstärken sie.*

«Glück» in der szientistischen Zivilisation kann nur heißen: Rückbindung des Glücksbegriffs an Szientismus, also der Wunsch, am jeweiligen durch wissenschaftlich-technischen Fortschritt erlangten Wohlleben ungehemmt partizipieren zu können. Identität ist Genuß, Glück ist Wohlleben. Massenmedien sind Produkte dieses Wohllebens, das heißt, sie liegen folgerichtig in der technisch-praktischen Konsequenz dieses Glücksbegriffs. Sie sind ein Moment des Wohllebens, das heißt, sie werden *als Genußmittel konsumiert.* Und sie sind *Produzenten dieses Wohllebens,* indem sie es *präsentieren, intensivieren* und damit auch *stabilisieren.* In diesem Sinn ist ein Bildmedium tatsächlich zugleich ein Bild dieser Ideologie, indem es sie ins Bild setzt. Es gibt kaum ein besseres Medium, das den Warencharakter sei es des Glücks oder der Informationen als Uniformierung, Homogenisierung, Funktionalität usw. und als Massenunterhaltung umsetzen kann als das Fernsehen.

Unsere Zeit hat den Charakter einer Übergangszeit. Wir stehen vor einer *Epochenschwelle.* In ihr stirbt die tradierte europäische Gesamtkultur zunehmend schneller ab.

Nur ein Nachkomme hat in emanzipierter Gestalt wirklich Boden unter den Füßen. Für die Geburtswehen einer Epochenschwelle besonders auszeichnend sind der fragmentarische, punktualisierte, unruhige Charakter der Lebensvollzüge und der ruhige, langsame Atem, mit dem eine neue kommende Ordnung ihre Konturen in den gegenwärtigen Übergang einzubauen sucht.

Der *antipersonale Naturalismus* und seine *funktional-hypothetische Denkform* lassen den Menschen dabei schwanken zwischen «Daseinsgefräßigkeit» (A. Gehlen) und Paradiesjägertum, zwischen Zynismus und Fanatismus. Seine *kulturelle Unordnung* ist ein Gemenge von Zeit-, Geld- und Todesdienerei, Verherrlichung der kleinen Ekstasen des Außeralltäglichen: pansexueller Exzeß, Rausch durch Musik, Geschwindigkeit, Drogen, Sensationen und Betäubung der verstümmelten religiösen Restbedürfnisse mit den Ventilen Okkultismus, umspült von allerlei Zerstreuungen der Unterhaltungsindustrie durch die multimedialen Scheinwelten. Wirres Gerangel zersplitterter, unruhiger und nie zu befriedigender Sehnsucht, wachsende Begehrlichkeit, permissive Konsumentenmentalität und Unersättlichkeit machen den Menschen zum riesigen, gefräßigen Loch.

Diese Bodenlosigkeit ist das Produkt der übermächtig gewordenen Ideologie des naturalistischen Szientismus. Zugleich verspricht er bereits die einzige Vision, in der die derart verformte Innerlichkeit des Menschen ihre Abhängigkeit und Verfallenheit an diese Umzüchtung stillen kann. Der Progressismus verspricht eine totale Lösung der anstehenden Probleme.

Traditionell konnte ein *politisches System* sich stets recht gut am Fehlen oder Vorhandensein von *drei Minimalmerkmalen* beschreiben lassen: einem moralischen, politischen und ökonomischen Element. *Ökonomisch-funktional* dient das System maximaler Daseinsreproduktion. *Moralisch* gewährt es eine optimale freie Sittlichkeitsentfaltung. Das organisierte Zusammenleben bedürftig aufeinander verwiesener Wesen in einem geordneten Staat muß sich darüber hinaus um eine gewisse Reibungslosigkeit der Beziehungen und Mechanismen der Systemstabilisierung bemühen. Der Ausgleich widerstreitender Interessen, die Vermittlung heterogener Prinzipien usw. machen es notwendig, spezifisch *rechtliche* und *administrative Regeln der politischen Macht* den sittlichen und technischen Maximen hinzuzufügen.

Die Tendenz zum kombinierten liberalen Rechts- und Sozialstaat mit relativem, an jeweilige Bedürfnisse und weltanschaulich-politische Einstellungen zurückgebundenen Staatszweck, optimiert die innere und äußere Sicherheit der Staatsbürger, reglementiert die Gewaltmonopolisierung, bindet die staatlichen Vollzüge an Verfassung und Gesetz und will Sachgerechtigkeit in einer freiheitlichen Rechtsordnung ermöglichen.

Hier nun scheint sich ein eigentümlicher *Umschwung* für das ethische Moment durch die im Kulturauftrag des Staates geförderte wissenschaftlich-technische Denkform einzustellen. Die Überbleibsel antiker und christlicher Überzeugungen, wie sie in Resten noch in einer strafrechtlich sanktionierten Minimalethik aufzuspüren sind oder die Präambel des Grundgesetzes der Bundesrepublik Deutschland verzieren, werden durch das Übergewicht dieser Denkform ausgehöhlt. Der gewöhnliche Streit des modernen Menschen geht vor allem um zweierlei.

Einerseits gilt es, die Freiheitsrechte gegenüber staatlichem Einfluß zu maximieren, wobei diese *Freiheit* ganz im Sinne des naturalistischen Szientismus als ungehemmt kultivierte Egozentrik der Bedürfnisse mißverstanden wird, und andererseits soll die Funktion des politischen Systems als *Daseinsvorsorgestaat* erweitert werden. Und zwar beides zugleich. Der gewissermaßen dionysisch entfesselte Taumel des Vitalismus ist Gegenstand der freiheitsrechtlichen Einklage. Hier soll es keine Beschränkung oder Bevormundung durch den Staat geben. Zugleich ist der Staat Garant für das problemlose Funktionieren dieses Vitalismus. Bauch und Geschlecht werden der politische Fokus des Existenzvollzugs im Massenwohlleben. Die *kulturelle Gesellschaft* geht unter in einer «technokratischen Staatsform». Defizitär ist der Staat nur noch da, wo er die technisch-funktionale Befriedigung hindert oder zu steigern unterläßt.

Hier wächst Bedrohliches am Horizont, auch wenn es vielen noch als bloße Phantasie oder doch wenigstens weit entfernt zu sein scheint. Wäre es allernächste, greifbare Realität, so wäre es allerdings fast wie ein Naturschicksal unabwendbar. Wird Kultur als Szientismus reproduziert, die mündige Gemeinschaft eines politischen Systems in die Naivität eines universalen technokratischen Kindergartens verwandelt, so gewinnt das politische Moment auf dem Umweg über die szientistische Verformung der menschlichen Innenwelt und die verinnerlichte Herrschaft ihre monströse Gestalt wieder als *technokratischer Totalitarismus*. Die Welt wird zur munteren Heimstätte des unmündig gewordenen Medienmassenmenschen. Der auf ein Bedürfniskonglomerat zurückgebogene Humanmaschine wird suggeriert, daß sie einzig in der Vervollkommnung des naturalistischen Szientismus beide Wünsche perfekt realisieren könne: bevormundungsfreie, enthemmte Freizügigkeit des Einzelegoismus und umfassend reibungslos geplante und organisierte Absicherung des funktionalen Vitalismus. Dieses *Konsum-Lager* entmündigter Medienmassenmenschen gleicht eher einem übermächtigen Überwachungssystem für Herdentiere, die der Expertenreflexion der Bedürfnisingenieure als gestaltbare Manipulations- und Zuchtmasse ausgeliefert sind. Dann wäre der *Geisthaß*, die *Zerstörung der vorwissenschaftlichen Subjektivi-*

tät, die *Beseitigung der als lebensfeindlich diffamierten personal-sittlichen Ausbildung* vollendet. Der Infarkt der kulturellen und religiösen Welt, das leise gespürte Verenden personaler Geistigkeit, würde übertönt durch die Medientröstung und ihre künstlichen Sekundärwelten für austauschbare Gattungsexemplare.

Aufgrund bestimmter anthropologischer, ökologischer und religiöser Überzeugungen ist der Autor der Auffassung, daß diese perfekte Welt des technokratischen Totalitarismus und der massenmedialen Diktatur *nie vollständig* erreicht und auch nicht das «Letzte» in der Menschheitsgeschichte werden kann. Insofern dürfte die oben ausgeführte «Vision» glücklicherweise nie in Reinform erreicht werden. Aber jeder Schritt in diese Richtung ist ein falscher Schritt. Ethik-Korrektive, Rekultivierung, Aufhebung der Entsubstantialisierung durch den naturalistischen Szientismus, Zurücknahme der Inthronisation dieser Ideologie und ein neues, politisch und kulturell verankertes Bewußtsein von der Relativität der wissenschaftlich-technischen Denkform überhaupt, sind heute notwendige Bedingungen, um Staat und Gesellschaft vor technokratischem und Medien-Totalitarismus zu bewahren.

Die *totalitäre multimediale Vision* dürfte weniger monströs und abwegig erscheinen, wenn man sich an den *nationalsozialistischen Totalitarismus* erinnert. Der Blick zurück in die Geschichte lehrt die Bedeutung der *Propaganda* für das totalitäre System. Und innerhalb der Propaganda gewann der Rundfunk ein großes Gewicht. Die Möglichkeit der Demagogie, auch über die Ätherwellen sozusagen zu jeder Zeit und an jedem Ort gegenwärtig zu sein, hat in Verbindung mit anderen Möglichkeiten, zum Beispiel dem Transportmedium Flugzeug, den Eindruck einer nahezu vollständigen indirekten oder direkten Allgegenwart des Führers und seiner Propagandisten erwecken können. *Diese Omnipräsenz gehört mit dem uneingeschränkten Herrschaftsraum und der unbeschränkten Herrschaftsmacht zu den Kennzeichen des Totalitären,* in dessen mißbräuchlichen Dienst sich Medien hervorragend stellen lassen. Wenn man weiterhin daran denkt, daß der Propagandist seine Zwecke dadurch erreichen will, daß er die Masse elektrisiert, sie durch Emotionen, jede Differenzierung meidende Schlagwörter, Parolen und

Phrasen, durch Gefühlsansteckung und Sprachmagie zu verführen und fanatisieren sucht, dann wird man wohl unumwunden zugeben müssen: dem *propagandistischen Indoktrinationsinteresse* kommen die modernen Massenmedien aufgrund ihrer inneren eigenen Tendenz auf halbem Wege und mit offenen Armen entgegen.

Die Massenmedien haben in der epochalen Auseinandersetzung um den naturalistischen Szientismus und funktionalen Vitalismus ihren *Kontext*. Sie sind Bild dieser Ideologie, indem sie sie ins Bild setzen und «ausdrücken». Daß wir Schritte in die genannte falsche Richtung unternehmen, läßt sich deutlich daran erkennen, daß die Massenmedien immer mehr als *hedonistische Instrumente* verwendet werden.

Hedonismus nennt man die Theorie, nach der das Streben des Menschen nach Glück ein natürliches Streben nach Lust ist. Gewöhnlicherweise betrachtet der naive Hedonismus das Tier oder das kleine Kind als Modell für das natürliche Verlangen nach sinnlicher Freude des Augenblicks. Glück ist ungestörter Genuß im Jetzt. Der aufgeklärte Hedonismus denkt an das langfristige Glück des Menschen. Zwar ist auch nach ihm der Lustgewinn das Letzte und Entscheidende für das Leben aller Lebewesen. Da er aber die Widerständigkeit der Realität in Rechnung setzt, entwickelt er Theorien der Lustmaximierung oder Unlustvermeidung, die ein verfeinertes «dolce vita», ein angenehmes und süßes Leben, auf Dauer stellen können.

Das Fernsehen ist ein *Unterhaltungsmedium*. Es wendet sich an die Lust der Augen und der Ohren. Es ist ein «spaßiges» Medium. Als ein derartig auf Unterhaltung ausgerichtetes und am Geschmack des Massenpublikums orientiertes Medium verändert es gleichzeitig auch das Phänomen der Unterhaltung selbst. Unterhaltung heißt hier wesentlich sensationelle, triviale, banale, geschmacklose, monströse, exzessive Unterhaltung. Der massenmediale Spektakel appelliert an die Lust des Zuschauers und verspricht ihm Lustgewinn, Teilhabe am angenehmen und spannenden Leben. Es ist ein hedonistisches Medium.

Freud hatte dem Lustprinzip das Realitätsprinzip entgegengestellt: zwar versucht der Mensch Lust zu erlangen, aber die widerständige Realität zwinge ihn dazu, Lust zu sublimieren. Das

Resultat des sublimierten Lustprinzips nennt er Kultur. Kultur ist für Lust immer repressiv. Darum hat beispielsweise H. Marcuse seine Hoffnung in eine Überflußgesellschaft gesetzt. Im Schlaraffenland, so meinte er, könnten die kulturellen Repressionen wenigstens gemildert werden.

Die fundamentale ökologische Einsicht ist die, daß nicht nur die menschliche Lebenszeit, sondern alle Güter und Ressourcen knapp sind. *Endlichkeit und Begrenztheit* legen sich heute dem Progressismus und der Ideologie der Überflußgesellschaft in den Weg. Aber auch hier gibt es noch ungebrochene Optimisten. Anders sieht es aus, wenn wir die Theorie der repressionsfreien Lust auf die multimediale Massengesellschaft übertragen. Das Realitätsprinzip verliert hier seine hemmende Kraft wenigstens teilweise dadurch, daß die Medien *ihre Wirklichkeiten selbst künstlich erzeugen.* Diese «Medienrealitäten» sind nun zentral dadurch gekennzeichnet, daß man sie genießen kann. Sie sind Momente einer Show. Und außerdem folgen sie der hypothetisch-funktionalen Denkweise: sie sind beliebig austauschbar und ersetzbar. Diese bestandlose Medienwirklichkeit kann gar nicht den Charakter der «Widerständigkeit» annehmen, weil sie nur ein Punkt einer endlosen Produktion von Beliebigkeit ist. *Realität ist hier ein Moment und Medium der Lust.*

Insoweit repräsentiert das Fernsehen als Kronzeuge der Massenmedien letztlich sogar die Variante des naiven Hedonismus. Es ist Medium und Instrument des Naturalismus, insoweit es den Lustgewinn als letztes Umwillen des menschlichen Lebens repräsentiert und praktiziert. Es ist die große Amme für ein «vermitteltes» Glück als ungestörtem, ungehemmtem, beliebig abrufbarem und variierbarem momentanen Selbstgenuß. Der Mensch ist aus der Berufung um die Selbstkultivierung seines Lebens als eines sinnhaften Ganzen herausgetreten. Der Verlust verantworteter Zeit äußert sich nur noch lappalienhaft in Formulierungen wie etwa «Wie spät ist es?» oder «Ist es wirklich schon wieder so spät?». Der Kontext dieser Formulierungen ist bekannt.

Ein Irrtum ist es, die Interpretation des Massenmediums «Fernsehen» als hedonistisches Medium so zu mißverstehen, als bedeute dies entweder eine pessimistische Disqualifizierung der

Lust im allgemeinen oder eine Gleichsetzung von Hedonismus und Medium im besonderen. Die «These» ist einfach die, daß die Massenmedien im geistesgeschichtlichen Großkontext der Gegenwart die starke Tendenz haben, die Vergaffung in das Lustprinzip zu fördern, die Reduktion des Glücksbegriffs auf den der Lust zu fixieren und die Vergötzung des naiven Hedonismus und des funktionalen Vitalismus als praktische Entsprechungen zur Ideologie des szientistischen Naturalismus zu «mediatisieren», zu vermitteln.

Kapitel 9

«Ordo amoris» und Medienmassenmensch

Bekanntlich benutzt das Hebräische für «erkennen» und «Beischlaf» ein und dasselbe Wort: «und Adam erkannte sein Weib Eva.» *«Lieben ist Erkennen.»* Ein mittelalterlicher Mönch hat den schönen Satz geprägt: «Ubi amor, oculus est», wo die Liebe ist, da ist auch ein Auge. Und in der Tat macht Liebe nicht eigentlich blind, sondern eher die Leidenschaft. Liebe ist im Gegenteil ein besonderes Sehen.

Der tiefsinnige Gedanke, daß Erkennen und Begehren, Lieben und Verstehen, Emotion und Vernunft nicht gleichgültig füreinander sind, weist noch einen bedeutsamen *ethischen* Aspekt auf. Das Herz des Menschen ist ein Ding, das begehrt. Und das, was es begehrt, wird in diesem Begehren nicht nur auf gewisse Weise erkannt, sondern es *prägt* den Begehrenden. Ja, es prägt ihn um so mehr, je mehr er begehrt. Erkennen hat etwas mit *Angleichung* von Erkennendem und Erkanntem zu tun. In bestimmter Hinsicht werde ich dem *ähnlich,* was ich erkenne. Das, was sich dem begehrenden Erkennen erschließt, bleibt nicht folgenlos, sondern wirkt auf den Erkennenden zurück und setzt einen Prozeß der Verähnlichung und Angleichung in Gang. Man kann sagen, daß diese allmähliche Verähnlichung und Angleichung eine Variante der erkenntnistheoretischen Auffassung ist, daß Gleiches nur durch Gleiches erkannt werden könne. Am schönsten vollendet sich der Gedanke dieser Angleichung des Erkennenden und Erkannten im begehrenden Erkennen in der Idee, daß die Liebe die Liebenden «eins» macht, so wie das Erkennen Evas und Adams beide buchstäblich vereint. Letztlich trifft auf Erkennen zu, was für allen Umgang und alle Begegnung zutrifft: es findet ein Spiel wechselseitiger Prägung statt.

Wenn man allerdings sagt, daß das Herz ein begehrendes Ding ist, und wenn man sagt, daß das Begehrte den Begehrenden prägt, daß sogar ein zunehmender Prozeß der Verähnlichung stattfinden kann, hat man noch nichts gesagt über das, was das Herz begehrt. Im allgemeinsten Sinn begehrt das Herz des Menschen natürlich *Glück*. Der philosophische Anthropologe Max Scheler hat im Rückgriff auf eine alte Denktradition die Ordnung des Begehrens als *ordo amoris* charakterisiert, eine *Ordnung der Liebe*.

Unter «ordo amoris» versteht er dabei eine *Rangordnung von Werten*, denen bestimmte Akte, Personentypen und Gemeinschaftsformen zugeordnet werden, in denen diese Werte verwirklicht und gelebt werden. Zu dieser Wertewelt, die hierarchisch gegliedert ist, gehören das Angenehme und Unangenehme, das Nützliche und Unnützliche, das Lustvolle und Schmerzhafte, das Edle und Gemeine, das Schöne und das Häßliche, das Rechte und das Unrechte, das Wahre und das Unwahre, zuletzt das Heilige und Unheilige.

Ohne daß wir uns nun genauer in Schelers Analyse vertiefen wollen, können wir zunächst sagen, daß der Mensch eben in gewisser Weise dies alles ist und sein kann. Er wird jeweils verschiedene Schwerpunkte seiner Wertbezogenheit ausbilden, manchmal nur in einem einzigen Wert sein Existenzprinzip finden wollen und alle anderen Werte vergessen oder unter die Herrschaft des bevorzugten Wertes stellen. Genauso wichtig, wie die *Reduktion* von Werten zu vermeiden, ist es, die Rangordnung der niedrigeren und höheren Werte nicht *umzustürzen*, so daß der Mensch seine höchsten Verwirklichungsformen verfehlen würde. Und noch ein Gesichtspunkt bedarf der Erwähnung, bevor der Gedanke des «ordo amoris» in seiner Beziehung zu den Medien deutlich werden kann. Scheler spricht von einem «emotionalen Apriori» allen Erkennens und meint damit die verschiedenen Weisen des *Fühlens* vom sinnlichen über das vitale und geistige Fühlen bis hin zur personalen Liebe. Dieses Fühlen ist eine Weise des Erkennens, nämlich Wahrnehmung der Werte, und geht allen anderen Weisen der Erkenntnis, etwa der wissenschaftlichen, voraus. Vor allem und zuallererst bezieht sich der Mensch auf die Welt also liebend oder hassend, annehmend oder zurückweisend, vorziehend oder zurücksetzend, auf eine wertnehmende oder

-«schätzende» Weise also. Dies ist die Urform seiner Beziehung zur Welt.

Betrachten wir von hieraus den Zusammenhang beispielsweise von *Freiheit und Medien*. Es hat seinen guten Sinn zu sagen, daß die Medien durch ihre «Grundversorgung» des Bürgers mit Information einen Beitrag zur Demokratisierung leisten. Demokratie heißt in einer Informationsgesellschaft eben wesentlich Zugänglichkeit von Informationen und Offenheit aller Kommunikationswege. Denken wir aber andererseits an Monopolisierungstendenzen, an die medienspezifische Umwandlung und Anpassung von Informationen, an die Gesetze des Mediums selbst und die unüberschaubare Informationsflut, das Datenchaos, die hautnahe Präsentation fernster Wirklichkeiten usw., dann kann man zu Recht vermuten, daß hier weniger ein Gefühl der Entscheidungsfähigkeit als der Passivität, weniger ein Gefühl der Handlungsmöglichkeit als der Ohnmacht, eher ein Gefühl der Resignation und Abstumpfung als der Solidarität und des Engagements erzeugt wird.

Freiheit ist nie beziehungslose, pure Freiheit, sondern Freiheit, die in einem Zusammenhang steht und sich auf etwas bezieht. Freiheit ist stets *Gestaltungsfreiheit* mit mehr oder minder großen Spielräumen. Als Gestaltungsfreiheit agiert sie in einer gelebten und irgendwie bejahten *Wertordnung* und gestaltet aus der Kraft heraus, die ihr die Wertordnung erschließt und auf die sie sich bezieht. Je mehr diese Wertordnung flüssig wird, um so mehr verliert sich Freiheit als Gestaltungsfreiheit. Das Woher und Wozu ihres Wertbezugs verdunkelt sich. Freiheit verformt sich dann mehr und mehr zu Beliebigkeit, Willkür und zum Kult der Spontanität. Verdunkelung des Wertbezugs heißt in aller Regel auch Absinken auf die niedrigeren Wertsphären, die quasi-automatisch als Wertbezug intakt bleiben. Freiheit nivelliert sich zu einer Mentalität der Lust und Laune.

Dem entspricht als paralleler Vorgang in den Medien die Tendenz, Informationsfreiheit in Sensations- und Unterhaltungsfreiheit zu übersetzen. Mangelnde Urteilskraft, verkümmerte Phantasie und kritische Potenz, Verlust schöpferischer Fähigkeiten verändern den Zuschauer zu einem Konsumenten, der sich Vergnügen «einspeisen» läßt. In der Verwendung der Medien, insbesondere der Bildmedien, als hedonistischer Instrumente ist von der Werthierarchie des «ordo amoris» nur noch der *Sockel* zurückgeblieben: die «Wertsphäre des Lustvollen und Angenehmen». Der Welt des Angenehmen und Lustvollen korrespondiert das Medium als Medium des Vergnügens, des Entertainments, der Show und Unterhaltung.

Den Personentypus, für den die Wertsphäre des Angenehmen das *bestimmende Existenzprinzip* bildet, nennt Scheler den Künstler des Genusses. Die gesellschaftliche Dimension, in der sich die Wertebene der Lust als die dominante einpendelt, ist die *Masse*. Das Massenmedium verkörpert diese Tendenz, indem es sich an die Masse wendet und sie auch erzeugt.

Dem «emotionalen Apriori» entspricht das Fernsehen als primär *emotionales Medium,* das die Tendenz hat, die Welt des Fühlens auf das sinnliche Fühlen, verdünnt in der Gestalt von Bildern, zu reduzieren. Es bevorzugt die Wertewelt konsumierbarer Lust und erzeugt ein entsprechendes *hedonistisches Klima.* Auch hier gibt es eine *wechselseitige Verähnlichung* von Konsument und Konsumiertem.

Weil das Fernsehen ein emotionales Medium ist und das Sehen als Zentralsinn anspricht, spricht es zugleich die tiefsten Schichten menschlichen Sehnens an. Es hat in gewisser Hinsicht die Schlüssel zu den intimsten Regionen des Menschen, aber kann sie nicht erfüllen. Es ist so, als ob jemand den Passepartout gefunden hätte, der das Herz öffnet. Der Zugang ist da, die Erfüllung aber bleibt aus. Die Versprechungen sind groß. Der großen Verabredung aller Beteiligten jedoch zum Trotz: die Einlösung ist frustrierend. Der schöne Schein der Verheißung lockt und reizt, die Erfüllung deprimiert.

Ein wenig hat diese Lage etwas von der makabren Situation an sich, in der sich der Tod als blühendes Leben, als schönes Mädchen nämlich verkleidet, das der Jüngling brennend begehrt und dessen Hingabe er ersehnt. Nachdem sich die blühende Braut in der Hochzeitsnacht entkleidet hat, steht der skelettierte Sensemann vor dem zu Tode erschrockenen Burschen. Die Hochzeitsnacht wird zur Todesnacht. Der *Mythos des Fernsehens* resultiert aus den Verheißungen, die er als Medium anbietet und den anthropologischen Potentialen, die er anzusprechen und über Variation und Maximierung provisorisch zu strecken vermag. Langeweile, Enttäuschung, Gewöhnung, Abstumpfung, Überflutung usw. fordern die gesamte schwarze Logik einer rotierenden Maximierung und Variation auf den Plan. Wenn Scheler pointiert sagt: «Wer den ‹ordo amoris› eines Menschen hat, hat den Menschen», dann können wir sagen: Der «ordo amoris» des Medienmassenmenschen ist der Grundirrtum seiner Zeit: der Hedonismus. Der Medienmassenmensch verwirklicht diesen hedonistischen Irrtum im Medium der Massenmedien, die ihm bei diesem seinem Selbstmißverständnis hilfreich zur Seite stehen. Die Wertsphäre des Lustvollen und Angenehmen ist zwar ein wichtiger und guter Bestandteil eines guten und gelingenden Lebens. Aber eben nur genau dann, wenn sie nicht sein bestimmendes Existenzprinzip wird. Und die «unio mystica», die geheimnisvolle Verschmelzung und Vereinigung mit dem Apparat, kann am Ende nur der Apparat gewinnen. Der Sieg des Apparats allerdings ist nichts anderes als die Niederlage der betrogenen menschlichen Seele.

Kapitel 10

Gute Medien – schlechte Kritik?

Wenn man sich Neil Postmans Medienkritik vergegenwärtigt, in der das Fernsehen als Kulturkiller, nämlich als Zerstörung der Schriftkultur betrachtet wird, versteht man leicht die Schelte, die Postmans Kritiker ihrerseits vortragen: Im großen und ganzen habe er eine typische Sündenbock-Theorie entwickelt, weil er der Sehnsucht nach einfachen und schnellen Erklärungsmustern erlegen sei. Der Sündenbock-Theorie werden dann gerne Beruhigungsformeln entgegengestellt, die im wesentlichen darauf hinauslaufen, daß mit dem Fernsehen eben nur ein neues Medium als neues Glied in die existierende Medienkette relativ undramatisch eingerückt sei.

Auch die vorliegende Analyse könnte als Sündenbock-Theorie und Sehnsucht nach einfachen Erklärungsmustern mißverstanden werden. Sie ist ja in der Tat durch eine bewußte Einseitigkeit gekennzeichnet, die sich im wesentlichen mit Negativeinflüssen und Gefahren des Mediums beschäftigt. Sie ist aber zugleich durch eine spezifische Fragerichtung charakterisiert, weil sie nach den anthropologischen und kulturellen Aspekten der Medien fragt. Daher versucht sie den Abbau der menschlichen Urteilskraft, die Totalisierung der Medien usw. in einen größeren geschichtlichen Horizont zu rücken, der zugleich der Kontext der Medienanalyse ist. Auf diese Weise wird trotz der einseitigen Analyserichtung durch die Einbettung in einen größeren Fragenzusammenhang das primitive Sündenbock-Modell vermieden.

Ohne Zweifel kommen den Medien auch verdienstvolle Eigenschaften zu, auf die bei Gelegenheit und am Rande bereits hingewiesen worden ist. Selbst diese guten Eigenschaften weisen allerdings in der Regel eine gefährliche Zweideutigkeit auf, die teils in dem Medium, teils in der Sache selbst liegt. Für eine

Informationsgesellschaft ist der freie Zugang zu Informationen
und zu den Kommunikationsnetzen ein wesentliches Element
der demokratischen Ordnung. Die Grundversorgung des Me-
dienbenutzers mit Information ist mithin eine demokratische
Komponente der Medien. Zu den Schattenseiten der demokratischen Informationsmedien gehören aber auch Informationsüberflutung und Umwandlung beziehungsweise Ersetzung von
Information durch Sensation. Zu den positiven demokratischen Eigenschaften der Medien gehört auch die Herstellung
von Transparenz. Eine solche internationale Transparenz
machte es zum Beispiel der chinesischen Regierung schwer, die
entsetzlichen Massaker auf dem «Platz des Himmlischen Friedens» Anfang Juni 1989 zu leugnen oder zu beschönigen. Allerdings ist gerade an diesem Beispiel gut erkennbar, wie die Medien im Sinne massenhafter informationeller Diktatur zur Verdunkelung und Verschleierung eingesetzt werden können.
Friedliche Massendemonstrationen werden dann als «konterre-
volutionärer Aufruhr» diffamiert, «Rädelsführer» werden öf-
fentlich im Massenmedium gedemütigt. Das Medium der Transparenz wird zum Medium der Konfusion und zum Medium des
Schreckens.

Überhaupt ist Transparenz ein problematisches Gut, insbesondere dann, wenn sie Totaltransparenz zu werden droht. Ten-
denzielle Totaltransparenz bedeutet Transparenz des quantitati-
ven «Zuviel», das nicht mehr eingeordnet und verarbeitet werden kann, und des qualitativen «Zuviel», nämlich Verlust von
Intimität. Beide Tendenzformen der Transparenz, das allum-
fassende und das tabulose Durchleuchten, erzeugen ein Ge-
meinsames: Abstumpfung, Verlust von Sensibilität.

Medien sind aber nicht nur gesellschaftliche Instrumente zur
Herstellung von Transparenz, die eine Grundversorgung mit
Information sicherstellen, sondern auch Bildungsträger mit kritischen, aufklärerischen und erzieherischen Absichten. Grundversorgung mit Kultur bedeutet fraglos auch Horizonterweiterung. Und diese ist gerade angesichts einer zunehmenden universalen Kopräsenz verschiedener Kulturen überlebenswichtig.
Die mögliche kulturelle Bildung durch visuelle und akustische
Medien wird um so wirkungsvoller, je mehr sie mit anderen

Medien, vor allem Printmedien und anderen Hintergrundsinformationen abgeglichen wird. Die Herstellung von universaler Öffentlichkeit in kultureller, politischer und anderer Hinsicht verlangt vom Medienbenutzer die große Anstrengung der *Auswahl* und der *Vertiefung*. Die Welt als globales Dorf ist ein Mediendorf. Doch diese enge Nachbarschaft, die ja weitestgehend eine Pseudo-Nachbarschaft ist, hat einen hohen Preis: Angleichung, Unifizierung, Trivialisierung usw.

Auch die soziale Wertfunktion der Medien als Verbindungsmöglichkeit mit den Ereignissen einer Lebenswelt für zum Beispiel alte und kranke Menschen ist von eminenter Bedeutung, solange diese Lebenshilfe nicht bequemer Ausweg für «Abschiebung», Aussonderung und Lebensersatz zu werden droht.

Vor allem aber leisten die Medien eine Grundversorgung der Bevölkerung mit Unterhaltung. Die vergnüglichen und unterhaltenden Seiten sind sogar ihre stärksten und fruchtbarsten. Die Medien sind darum überaus nützlich als etwas, das Freude, Entspannung und Spannung bereiten kann. Unterhaltung ist ein hohes Gut, solange nicht der dialogische Charakter, der im Modell des «Unterhaltens» mitgemeint ist, völlig zugunsten passiven Konsums verloren geht und solange Unterhaltung nicht zum einzigen oder zentralen existenzbestimmenden Prinzip wird.

Kritischer und souveräner Umgang mit den Medien, «Medienkompetenz», fordert zuallererst *Aufklärung*. Aufklärung bedeutet zunächst die Einsicht in *stumpfe,* ungeeignete und unangemessene *Medienkritik*. Dazu zählen:
- Abschaffen, beispielsweise des Fernsehens.
- Völliges Fernsehverbot für Kinder.
- Qualitative Verbesserung des ernsten Diskurses im Medium.

Diese Forderungen decken sich nicht mit den Einsichten in eine Informationsgesellschaft und die medienspezifischen Strukturgesetze.

Alternativen zum heute üblichen unkritischen Medienumgang können auch nicht die Form einer schnellen Lösung, einer einfachen Rezeptur oder einer kasuistisch bis ins kleinste Detail geplanten Regelung annehmen. Der Vorschlag der Aufklärung bedeutet im Gegenteil zunächst Medienkompetenz als *kritisches Sachwissen*. Dieses Sachwissen vergewissert sich über Einzelaspekte der Struktur und des Funktionierens des Mediums. Also zum Beispiel über das «Medium als Botschaft», das «ideale Fernsehereignis», die «Tagesordnungsfunktion», Strukturierung von Themen, Lebenszeit, Lebensräumen, Familienverhältnissen, Strukturierung auch von Innenwelt, «Welterzeugungsmaschine», «Distanzethik», «Unterhaltungsmaschine», Maximierung und Variation als Prinzipien des Mediengenusses, das Problem der Angleichung an das Medium, die Bedeutung des «Sehens» usw.

Aufklärung heißt darüber hinaus Analyse des Horizonts und Kontexts, aus dem unser gegenwärtiges anthropologisches und kulturelles Denken stammt, innerhalb dessen die Medien funktionieren und das sie präsentieren und repräsentieren, und Aufzeigen möglicher Entwicklungen in der Zukunft. Aufklärung bedeutet hier also *geschichtliches Bewußtsein*. Im einzelnen beispielsweise die Problematik der «vier Kränkungen», die Phänomene der Entsicherung, Fragwürdigkeit und Erschütterung, die Denkweise der wissenschaftlich-technischen Zivilisation oder auch der Negativ-Vision eines technokratischen Totalitarismus und einer informationellen Diktatur.

Funktionales Sachwissen und geschichtliches Bewußtsein werden drittens begleitet von der Frage des *personalen Wissens,* also von Selbstaufklärung und Selbstkultivierung im engeren Sinne und auf dem Hintergrund des gegenwärtigen Epochenklimas. Hierhin gehören alle ethischen Aspekte, die mit der Medienökologie als einer Innenweltverschmutzung verbunden sind, die Fragen einer Selbstkultivierung oder des «ordo amoris».

Schließlich scheint es mir, daß mit diesen drei Aufklärungsschritten sehr natürlich die religiöse Dimension mitverbunden ist. Es gibt hier nicht nur die Frage nach dem Heiligen im Medium der Unterhaltung. Vielmehr brechen zum Beispiel in der Diskussion um das «Sehen», Desorientierung und Sinnkrise, Glück und Glückssimulationen, Ethik der Innenwelt und «ordo amoris» religiöse und theologische Fragen unabweisbar auf. Hier gehen medienanthropologische, medienkulturelle und medientheologische Perspektiven sinnvoll Hand in Hand.

Jedenfalls bedeutet «Aufklärung» in dem hier skizzierten Sinn die notwendige Grundlage für kritische Medienkompetenz und Mediensouveränität. Ethik der Medienmacher und Medienkonsumenten muß sich als in einen größeren medienkulturellen, gesamtkulturellen und geistesgeschichtlichen Zusammenhang verwoben und eingebettet begreifen. Erst mit dem Mediensachwissen und diesem «Kontextbewußtsein» beginnt eine wirkungsvolle Umstellung im Gebrauch der Medien, und das heißt: Detaillösungen, die keine bloßen Insellösungen sind.

Zu einigen solcher Detaillösungen im genannten Aufklärungshorizont, die ganz unterschiedliche institutionelle Ebenen, Durchsetzungsgrade und Verwirklichungschancen betreffen, zählen meines Erachtens zum Beispiel:

- Fernsehverbot für Vorschulkinder; dies nur zum Teil aus den Gründen, warum wir sie eben auch noch nicht zur Schule schicken. Sie sind noch gar nicht richtig zu sich selbst erwacht und bedürfen in diesem anfänglichen und langsamen Prozeß der Selbstwerdung des Beistandes, nicht aber der Passivität des mit Bildern zugeschütteten kleinen Konsumenten.
- Askese und Konzentration. Bewußte Auswahl, bewußte Medienergänzung. Vorbildfunktion durch eingeschränkten Fernsehkonsum. Kinder begleiten: Wenig sehen und gemeinsam ansehen. Alternative Spiel- und Aktivitätsangebote.
- Ethikerziehung als Ausbildungsteil der Medienmacher; kritische Medienerziehung als vitaler Teil der Schulbildung. Die Schule als aufklärende Grundimmunisierung für den Medienumgang. Ein Weg von elterlicher Einschränkung überschulische Begleitung zu selbstkontrolliertem Mediengebrauch und reflektiertem Umgang.
- Visuell-akustische Medien eher als Einladungs- und Werbemedien für den ernsten Diskurs, zum Beispiel die politische Veranstaltung oder den Gottesdienst, an «anderer» Stelle, denn als Ort selbst des ernsten Diskurses betrachten.
- Entkoppelung von Programmgestaltung und Programmfinanzierung.

- Werberestriktionen, wenn Werbung etwa diskriminierend (z.B. Frauenfeindlichkeit), nahezu unkontrollierbar subtil (z.B. Product Placement) oder sinnstörend (z.B. Spielfilmunterbrechung) ist.
- EG-Medienordnung versus Anbieter- und Kontrollmonopole mit marktbeherrschenden Konzentrationen.

Wissen um das Medium, wie es funktioniert, warum es funktioniert, worauf es abzielt, wie es strukturiert ist, Wissen um den Kontext, in dem es funktioniert, und Wissen um sich selbst, sind zentrale Elemente der Aufklärung, die kritische Medienkompetenz ermöglichen und Detaillösungen zu Momenten eines Gesamtverständnisses machen. Das Wichtigste ist hier, aufgeklärt zu sein und dementsprechend zu handeln.

Diese ethischen, zeitdiagnostischen, anthropologischen, kulturellen und theologischen Bemerkungen zu den visuell-akustischen Medien sollen aufklären und nachdenklich machen. Sie dienen keiner Dämonisierung. Wer aber die Strukturgesetze dieser Medien und die in ihnen präsentierten überwiegenden Inhalte und Darbietungsweisen im Kontext einer kritischen Zeitdiagnose unserer gegenwärtigen Zivilisation sieht, der wird in ihnen problematische Instrumente erblicken, die intensiv an der Demontage unserer christlich-abendländischen Kultur beteiligt sind. Dabei hat niemand etwas Besseres, das er an ihre Stelle setzen könnte. Wir leben, um mit Novalis zu sprechen, von der Frucht besserer Zeiten. – Noch.

Die Menschen heute sind von der Herstellung, Benutzung und dem Verbrauch der technischen Errungenschaften, und hier insbesondere der Unterhaltungselektronik, derart in Anspruch genommen, daß sie für ihre Selbstkultivierung entweder keine Zeit oder keine Kraft mehr haben. Die großen Transformationskräfte der Medien, ihre ungeheure Umformungsmacht für unser Selbst- und Weltverständnis, können nur durch ein umfangreiches Repertoire an Gegengewichten ausbalanciert werden, von denen ich einige genannt habe.

Nicht zuletzt gehört dazu eine christliche und kulturelle Grundimmunisierung aller und insbesondere der Kinder, gewissermaßen eine Ausstattung mit «Antikörpern», um der Verführungsgefahr der Medienwelt im Kontext unseres Zeitgeistes durch souveränen, kritischen und verantwortlichen Umgang zu widerstehen. Wir haben diese Immunisierung hier im weitesten Sinne als Aufklärung beschrieben und betrieben. Kaum zu verantworten scheint es nun, Tausende von Stunden, viele Jahre seines kostbaren und entscheidenden Lebens, mit der Wahrnehmung eines Lebens aus zweiter Hand zu verbrauchen.

Kapitel 11
Christliche Verantwortung

Ganz selbstverständlich teilt der Christ mit jedermann die Bedingungen der sachlichen, geschichtlichen und personalen Aufklärung. Alles, was auf den vorangegangenen Seiten analysiert wurde, kann kritisch angeeignetes Wissen von jedermann werden, und hier ist der Christ in nichts voraus. Im Gegenteil neigen Christen gelegentlich dazu, solche rein «innerweltlichen Überlegungen» für einigermaßen irrelevant zu halten und sich stattdessen auf das Gebiet der «geistlichen Überlegungen» zurückzuziehen. Das ist allerdings töricht und gefährlich. Niemand würde sich einem chirurgischen Eingriff unterziehen, wenn er wüßte, daß der Operateur durch nichts anderes ausgezeichnet wäre, als zum Beispiel durch eine philanthropische Einstellung oder eine geistliche Haltung. Natürlich weiß jemand mit einer solchen Einstellung oder Haltung mehr, oft sogar entscheidend mehr als derjenige, der mit bloßem Sachverstand operiert. Und andererseits weiß er ohne diesen Sachverstand doch wiederum auch zu wenig. Es gilt auch hier, was meistens gilt: Möglichst das eine tun und das andere nicht lassen.

Was aber weiß der Christ über das hinaus, was der aufgeklärte Sachverstand weiß? Nun, er kann das, was er weiß, noch einmal in einen größeren und entscheidenden Verstehenszusammenhang stellen, den biblisch-christlichen Kontext, der auf zweifache Weise neues Licht auf die multi- und massenmedialen Welten wirft. Es ist das Licht einer *ersten Erklärung* und einer *letzten Antwort.* In diesem «Licht» geht der Mensch von der einen Lichtmetapher der «Aufklärung» über in die andere der «Offenbarung» und «Erleuchtung». Das Licht, das sich der einen und das, das sich der anderen Quelle verdankt, ist sich darin gleich und darum auch verwandt, daß es dem Menschen zum *Sehen* verhelfen will, zu einer wahren und umfassenden Sicht des Ganzen, der Wirklichkeit.

Die *erste Erklärung* ist, daß der Mensch ein im Bilde Gottes auf Gott hin geschaffenes Wesen ist, das aus dieser Bestimmung herausgefallen ist. Darum ist das, was Pascal «Größe und Elend» des Menschen nennt, sein natürliches Kennzeichen. Es kennzeichnet ihn nämlich zugleich eine übergroße Sehnsucht nach Glück, nach Wasser, das ihn nicht mehr dürsten läßt, sondern seinen Durst ewig stillt, nach Brot, das ihn nicht mehr hungern läßt, sondern ihn von seinem Hunger auf immer befreit. Und in dieser Sehnsucht zeigt sich noch, aus welcher Herrlichkeit er gefallen und zu welcher Herrlichkeit er im Grunde bestimmt ist. Die verlorene Nähe Gottes ist die intimste Wunde der menschlichen Seele. Sie ist verantwortlich für allen zugleich großartigen und sinnlosen Ersatz, den sich der Mensch vergeblich erdacht hat, um sich selbst von der Gottessehnsucht zu heilen. In seiner rebellischen Verwirrung sinnt der Menschengeist auf eigenmächtige Lösungen seiner Leiden, es gibt tausend Namen für diese Therapieversuche, unmögliche Umwege zu einem verlorenen Paradies und fügt seiner Passionsgeschichte fortlaufend neue Episoden enttäuschter Träume hinzu.

Im Karussell der Zerstreuungen sind auch die Medien verzweifelte Arzneien, um die große Wunde des verlorenen Glücks zu heilen. Zerstreuungen sind entweder ein Ausgleich für die Mühen auf dem entbehrungsreichen Weg der eigenmächtigen Paradiesherstellung oder selbst eine Form des schlechten Paradiesersatzes. Sie sind Wasser, das erneut durstig werden läßt, abnehmende Oasen in wachsenden Wüsten, weil sie den Gesetzen der Abnutzung und Abstumpfung, der Trivialisierung und Langeweile unterliegen.

Die Perspektive der ersten Erklärung vermag also, die illusionären Tröstungen der Medienwelten als Momente des geistlichen Dramas einer aus seiner Bestimmung gefallenen Menschheit zu deuten. (Das heißt nicht, daß Medienwelt und Illusionen gleichbedeutende Wörter sind.)

Dieser Bestimmungsverlust weist zugleich vorwärts auf die Perspektive der *letzten Antwort*. Sie kann nach christlicher Überzeugung selbstverständlich nur lauten, daß das Heil des Menschen ein freies Geschenk Gottes an ihn ist. Es ist göttliches Heil. Es hat Gott gefallen, dafür einen Weg zu finden, den auszuführen hier nicht meine Aufgabe ist. Jedenfalls, so viel scheint sicher: Der Mensch in seiner Heillosigkeit ist eine so große Frage und ein so großes Problem, daß nur Gott sie beantworten und lösen kann. Und auch das scheint deutlich: Der Mensch sucht Antworten auf die Frage, wie er ist, am liebsten dort, wo er sie nicht finden kann. Auch diese trotzige Eitelkeit hat noch einmal ihren theologischen Sinn, der nicht Thema dieser Abhandlung sein kann.

Aus dieser Perspektive sind die Medien häufig genug Arzneien für eine Krankheit, die sie nicht heilen können, weil sie selbst Teil dieser Krankheit sind. Ich erlaube mir das etwas grobschlächtige Bild, daß Menschen, wenn es sie juckt, sich gelegentlich so lange kratzen, bis der Juckreiz «gestillt» ist. Natürlich ist nicht der Grund des Juckreizes entfallen, sondern durch einen neuen Reizzusammenhang vorübergehend überlagert. Ich habe auch gehört, daß Menschen Schmerzen einer Körperstelle zu vergessen suchen, indem sie sich an einer anderen Stelle einen neuen Schmerz zufügen, daß sie also zum Beispiel einen Zahnschmerz «vertreiben», indem sie sich auf den Finger schlagen. Die Aufmerksamkeit wird so auf einen Punkt gelenkt, der ihnen sympathischer, beherrschbarer oder sonstwie geeigneter und jedenfalls weniger penetrant als der andere erscheint. Das Verfahren ist nicht ohne jede Klugheit. Aber am Ende bleibt es ein Spiel des Ausweichens, und die Heilung bleibt aus. In gewisser Weise gleichen Zerstreuungen diesem Spiel des Ausweichens. Und in gewisser Weise gehören Medien ganz natürlich zu diesem Spiel. Man muß wissen, sagt die Perspektive der letzten Antwort, daß die grundsätzliche Beruhigung der Frage, wie man ist, nicht innerweltlich erreicht werden kann, sondern nur im Glauben an eine Erlösung, deren Ursprung die alles überwindende Liebe Gottes ist und auf die zu hoffen, nicht zuschanden werden läßt.

Wenn ich sagte, der Mensch ist zum und im Ebenbild Gottes geschaffen und aus dieser Bestimmung gefallen, so habe ich daran erinnert, daß der Mensch *Bild Gottes* ist oder doch wenigstens sein soll. Ich will dabei nicht so sehr über den inhaltlichen Sinn dieser Aussage sprechen. Die Theologen streiten sich ja, ob es der Schöpfungsauftrag, die Liebesfähigkeit und Dialogbezogenheit, konkretisiert in der Ehe, die Geistigkeit, die Unsterblichkeit, eine Kombination hiervon oder noch irgend etwas anderes sei, das den Menschen zum Bild Gottes mache. Mir kommt es hier auf etwas anderes an. Wenn wir über Bildmedien, Bildüberflutung, Bilderinvasion usw. sprechen, kann uns da die Rede vom «Bild Gottes» überhaupt noch etwas bedeuten?

Das Bild ist Erscheinung dessen, wovon es Bild ist. Es bezeugt seinen Ursprung, den es wiederholt und abbildet. Die Bilder der Medien sind beliebig austauschbare Sequenzen von Beliebigkeiten, die sie zeigen. Sie entstammen einem endlosen Bilderstrom, in dem jederzeit jedes Bild durch neue Bilder ersetzbar ist. Und es sind Bilder, die die gezeigten Wirklichkeiten nicht sind, sondern nur simulieren. Sie sind gerade nicht, was sie zeigen, sondern *nur* Bilder dessen, was sie nicht sind.

Ganz im Gegenteil dazu ist der Mensch als Bild Gottes, was immer das im einzelnen inhaltlich heißen mag, auf gewisse Weise die «wirkliche» Gegenwart des Absoluten, die Gegenwart des Göttlichen selbst. Darin gründet sich zuletzt auch die Einzigartigkeit und Unersetzlichkeit des Menschen als eines Bildes Gottes. Und es ist gar kein Einwand gegen diese Unaustauschbarkeit, daß man darauf hinweist, daß doch, wenn alle solche Bilder sind, alle darin gleich seien. Denn diese Gleichheit aller, Bilder Gottes zu sein oder doch wenigstens sein zu sollen, ist gerade darin gleich, daß allen zukommt, von einer einzigartigen Unersetzlichkeit zu sein, für die Gott selbst in seiner Einzigartigkeit und Unersetzlichkeit Ursprung und Garant ist. Jeder Einzelne repräsentiert auf unersetzliche Weise wirklich die eigentümliche Schönheit Gottes. Der Mensch als einzigartiges und unvertretbares Abbild Gottes oder als austauschbares Medienbild und Medienabbild (das heißt nicht, daß Medien nichts anderes als negativer und eitler Schein verlorener Göttlichkeit sind), der Mensch als Ebenbild Gottes oder Ebenbild der Medien, steht in gewisser Hinsicht vor der fundamentalsten Wahl dessen, was er zu sein beabsichtigt.

Anhang:

«Reality-TV»
– Die Tragödie des einen
ist die Fernsehshow
des andern

Das Manuskript zu diesem Buch war bereits abgeschlossen, als ich in der Presse auf einen Bericht aufmerksam wurde, der die analysierten Negativtendenzen der Medien durch eine neue Bildschirmwirklichkeit auf dramatische Weise bestätigte. Auch in diesem Fall sind die amerikanischen Medien leider trauriger Schrittmacher zu einer neuen Stufe der Niveaulosigkeit.

Die geschmacklose Novität nennt sich *Reality-TV* und hat in der amerikanischen Fernsehserie «Cops» ihren Prototyp. «Cops» ist laut Werbeslogan der Serie eine «lebensechte Krimiserie», in der Kamerateams regelmäßig Polizeieinsätze begleiten und dabei die Verbrecherjagd filmen. Die Szenen werden dann dramatisch geschnitten, mit packender Musik unterlegt, von ein paar obligatorischen Werbeblöcken unterbrochen, zum ungeschminkten Horror-Cocktail, in dem keine fiktive, sondern eine «wahre» Geschichte erzählt wird. Gefilmte kriminelle Wirklichkeit statt Phantasie. Das Medium, das hauptsächlich Bilder von gespielter Wirklichkeit, Simulation von Nachahmung präsentiert, das Medium der Simulation also, will aus der Simulation heraus in die «Wirklichkeit». Oder eher noch: es nimmt die Wirklichkeit, die am besten zu ihm und seinen Konsumenten zu passen scheint, ohne jede Scham zu sich herein.

Die Geschmacklosigkeit kennt hier keine Grenzen. Ob eine zerfallende Wasserleiche aus den Sümpfen der Everglades gefischt oder ein Rauschgifthändler, umringt von seinen verstörten und verzweifelt weinenden Kindern, gestellt wird, das schamlos-brutale Auge der Kamera hält gnadenlos fest, was immer es zu sehen gibt. Der TV-Voyeurismus hat sein ideales Fernsehereignis gefunden. Tod, Leiden und Grauen erzeugen schaurige Lust, der «amüsante Tod», das «amüsante Leiden», und werden als Unterhaltung konsumiert. Tod und Leiden als Unterhaltung, Realität als Entertainment, Information als Sensation, «Killer-Videos» als Amüsement, die Tragödie des einen als Fernsehshow des andern, ist gleichbedeutend mit einem brutalen Anschlag auf die Menschenwürde. Auf die Menschenwürde des voyeuristischen Zuschauers wie auf die exhibitionierten «Darsteller» dieser Tragödien. Hier ist niemandem mehr irgend etwas heilig. Für die tragischen Akteure gibt es keine Intimität mehr und für die Konsumenten kein Tabu. Der eine weidet sich am Leiden des andern.

Was sich im «Gladbecker Geiseldrama» als Live-Krimi und optimale Fernsehunterhaltung mediengerecht in Szene setzen ließ, ist in «Cops» institutionalisierte totale Öffentlichkeit für Gewalt als Medienunterhaltung. Und «Cops» ist bereits zum Vorbild für eine Reihe von Nachahmern geworden. «Reality-TV» offenbart das Medium als zynisches Medium. Der Unterschied zu manchen Teilen der Präsentation des Gladbecker Geiseldramas liegt vor allem darin, daß der Zynismus von «Cops» nicht «live», also simultan zum Ereignis ausgestrahlt wird. Das bedeutet eine gewisse Einbuße für den Voyeurismus. Ihm wird der Nervenkitzel nur in «konservierter» Form dargeboten. Natürlich hat das andererseits den unschätzbaren Vorteil, daß man durch Schnitt, musikalische Untermalung usw. die Dramaturgie des Schreckens noch steigern kann, was bei einer Direktübertragung kaum möglich sein dürfte. Im übrigen muß auch der Voyeur Verständnis dafür aufbringen, daß die Jäger der Verbrechensjagd ein Interesse an einem sauberen Image und das heißt an der Beseitigung eventueller Pannen und Peinlichkeiten haben.

Wenn die Anthropologie die «Weltoffenheit» des Menschen und seine Instinktentbundenheit als wesentliche Grundlage der Kulturfähigkeit beschreibt, so weist die christliche Offenbarung auf den problematischen Charakter dieser Offenheit hin. Sie ist eben nicht nur Offenheit für Kultur, sondern auch Offenheit für Dekadenz. Sie ist auch leere Offenheit und als Leere

Ort der Langeweile und der Zerstreuungssucht. Sie ist auch Bodenlosigkeit und darin Ort möglicher Freude am Bösen. Offenheit ist nicht nur Chance der Emporformung, Offenheit für Selbstkultivierung, für Liebe, für Gott, sondern auch Möglichkeit der Vertierung. «Cops» realisiert die «Freude am Bösen».

Diese Art von «Reality-TV» genießt stellvertretend am Leidensgenossen, was sie vor sich selbst verbergen will: Tod, Unglück, Leiden, das Böse. Für kurze Zeit kann man sich eine Illusion schaffen, ein schauerliches und verlogenes Gefühl der Überlegenheit. Das Gefühl der Überlegenheit über den Tod, die Illusion, ein siegreicher Verbündeter des Todes zu sein, der nur den andern trifft. Das Gefühl der moralischen Überlegenheit über den Bösewicht, die Illusion, ein Verbündeter der Gerechtigkeit zu sein, das Gefühl der weißen Weste, wenn man solche kriminellen Subjekte sieht, die «es» nicht anders verdient haben.

Der Voyeur ahnt seine Illusion ganz entfernt. Er ist kein Verbündeter des Todes, der einen andern trifft und ihn nicht. Dieser andere stellt ihm nur das Schicksal vor Augen, das auch ihm unvermeidlich widerfahren wird. Er ist kein Verbündeter der Gerechtigkeit, sondern er hat nur eine Projektionsfläche für die abgespaltene eigene Bosheit, heuchlerisch einen Sündenbock für seine eigenen Schatten gefunden. Dieser andere stellt ihm nur in sinnfälliger und demonstrativer Weise, ungeschützt und nackt zugleich, die eigene Bosheit vor Augen. Der Voyeur ahnt seine Illusion, weil er unbedingt sehen will, seine Augen gar nicht recht abwenden kann, unbedingt zuschauen muß: das Sterben, den Tod, den «bösen Buben» und wie es ihm «am Ende» ergeht. In Wirklichkeit schaut er nur so gebannt zu, weil es in dem armen Opfer seines Voyeurismus stellvertretend um ihn selbst geht. Er sieht sich selbst zu, ohne daß er sich selbst erkennen muß. Er stellt den andern zur Schau und an den Pranger und kann sich die Pilatus-Hände in Unschuld waschen. Er probiert an dem andern die ganze Schamlosigkeit des Menschengeschlechts aus und bleibt selbst in der Deckung der Scham. Der Voyeur stellt sich im Exhibitionierten selbst zur Schau, er stellt sich aus und kann doch lächeln, daß nur der sichtbare andere, nicht er selbst in die öffentliche Schamlosigkeit gestellt ist. Wenn er den andern ansieht, sieht er in gewisser Weise sich selbst. So geht es uns allen. Wenn wir diesen Tod dort sehen und anschauen, schauen wir auf das, was uns allen widerfährt und was wir nicht begreifen. Wenn wir das bittere Ende «gescheiterter Existenzen» sehen, wissen wir nur zu gut, daß alle «bösen Buben» «am Ende» so scheitern. Das Opfer des Voyeurs ist sein und unser Bruder. Für den Voyeur ist der Exhibitionierte der Bruder, den er haßt. Er kennt ihn, weil er es selbst ist, der dort «ausgestellt» ist.

Auf gewisse Weise spielt er mit einer Erinnerung an das, was nur Gott zukam, als er Adam und Eva aus dem Versteck ihrer Scham herausrief. Auch der Voyeur zwingt zum Verlassen der Deckung der Scham und schaut sich im andern an, was er selbst ist. Ihm fehlt allerdings nicht nur Gottes Gerechtigkeit, das heißt, er unterscheidet sich nicht von dem, den er zur Schau stellt und entblößt. Er vermag den Exhibitionierten auch nicht mehr zu «bekleiden». Bevor Adam und Eva das Paradies verlassen müssen, ist es Gott selbst, der ihnen Kleidung aus Fell macht, damit sie ihre «Scham» bedecken können. Wenn Abwesenheit von Schamgefühl ein sicheres Kennzeichen von Schwachsinn ist, wie Freud meinte, dann ist die Schamlosigkeit von «Cops» ein untrügliches Kennzeichen dafür, daß sich die Medien in ein Irrenhaus zu verwandeln beginnen. Und wenn die Medien wirklich in einem kulturellen Kontext zu verstehen sind, den sie auf bestimmte Weise präsentieren und repräsentieren, dann bedeutet «Cops» zeichenhaft das Herabsinken einer Kulturnation auf die Stufe des Barbarentums.

Literaturhinweise

H.W. Aichburg, Fernsehen. Wissenswertes über Wirkungen und Wertmaßstäbe. Neuhausen-Stuttgart 1983.

G. Beaugrand, Fernsehmord für Millionen. Brutalität auf dem Bildschirm als Massenkonsum. Hamm 2. Aufl. 1972.

E. Biser, Zur Situation des Menschen im Medienzeitalter. In: Kirche und Gesellschaft, Nr. 155, Köln 1988.

H. Boventer, Wahrheit und Lüge im Journalismus. In: Kirche und Gesellschaft, Nr. 131, Köln 1986.

K.v. Bismarck u.a., Industrialisierung des Bewußtseins. Eine kritische Auseinandersetzung mit den «neuen» Medien. München 1985.

C. Eurich, G. Würzberg, 30 Jahre Fernsehalltag. Wie das Fernsehen unser Leben verändert hat. Reinbek bei Hamburg 1983.

L. Franke (Hg.), Die Medienzukunft. Frankfurt/Main 1983.

V.E. Frankl, Das Leiden am sinnlosen Leben. Freiburg/Basel/Wien 8. Aufl. 1984.

V.E. Frankl, Ärztliche Seelsorge, München 4. Aufl. 1987.

V.E. Frankl, F. Kreuzer, Im Anfang war der Sinn. München 1986.

W. Gross, Hinter jeder Sucht ist eine Sehnsucht. Hilfe für den Umgang mit unseren Alltagsdrogen. Freiburg/Basel/Wien 3. Aufl. 1987.

K. Günther, T. Kögler, Die neue Sucht. Videofilme und Videospiele – Fakten, Gefahren, Hilfen. Lahr 1986.

P. Hahne, Die Macht der Manipulation. Über Menschen, Medien und Meinungsmacher. Neuhausen-Stuttgart 2. Aufl. 1985.

H. Hoven (Hg.), Guten Abend: Hier ist das deutsche Fernsehen. Zur Sprache der Bilder. Darmstadt und Neuwied 1986.

P. Hunziker, Medien, Kommunikation und Gesellschaft. Einführung in die Soziologie der Massenkommunikation. Darmstadt 1988.

H.N. Janowski (Hg.), Die kanalisierte Botschaft. Religion in den Medien – Medienreligion. Gütersloh 1987.

D. Kamper, Ch. Wulf (Hg.), Das Schwinden der Sinne. Frankfurt/Main 1984.

P. Koslowski, Die postmoderne Kultur. Gesellschaftlich-kulturelle Konsequenzen der technischen Entwicklung. München 1987.

J. Meyrowitz, Die Fernseh-Gesellschaft. Wirklichkeit und Identität im Medienzeitalter. Weinheim/Basel 1987.

R. *Oberliesen, A. Stiebeling (Hg.)*, Neue Medien, Neue Technologien. Bildung und Erziehung in der Krise. Hamburg 1988.

B. *Pascal, Pensées*. Über die Religion und über einige andere Gegenstände, hg. von E. Wasmuth. Heidelberg 8. Aufl. 1978.

N. *Postman*, Das Verschwinden der Kindheit. Frankfurt/Main 8. Aufl. 1983.

N. *Postman*, Wir amüsieren uns zu Tode. Urteilsbildung im Zeitalter der Unterhaltungsindustrie. Frankfurt/Main 1985.

D. *Prokop (Hg.)*, Medienforschung, 3 Bde, Frankfurt/Main 1985/86.

J.U. *Rogge*, Heidi, Pac-Man und die Video-Zombies. Die Medienfreunde der Kinder und das Unbehagen der Eltern. Reinbek bei Hamburg 1985.

M. Scheler, Ordo Amoris. In: ders., Schriften aus dem Nachlaß, Bd I, hg. von M.S. Frings. Bonn 1986, 345-376.

W. *Schneider (Hg.)*, Unsere tägliche Desinformation. Wie die Massenmedien uns in die Irre führen. Hamburg 1985.

R. *Spaemann*, Moralische Grundbegriffe. München 1982.

R. *Spaemann*, Glück und Wohlwollen. Versuch über Ethik. Stuttgart 1989.

J.A. *Wilkins*, Bewußter fernsehen. Ein Vier-Wochen-Programm für die Familie. Frankfurt/Main 1986.

P. *Winterhoff-Spurk*, Fernsehen. Psychologische Befunde zur Medienwirkung. Bern/Stuttgart/Toronto 1986.

Medienpolitik, hg. von der Landeszentrale für Politische Bildung Baden-Württemberg. Mit Beiträgen von H. Klatt u.a. Stuttgart/Berlin/Köln/Mainz 1987.

Wissenschaft
im Vergleich mit
christlichem Vertrauen:

«factum» – Fakten und Analysen zum Verständnis unserer Zeit

«factum» erscheint 9mal jährlich mit 36–52 Seiten
und vielen dokumentarischen Fotos
und Abbildungen

Bestellen Sie ein Abonnement
Fr. 33.80, DM 43.70, öS 340.— (inkl. Versandspesen)
oder verlangen Sie eine kostenlose
Probenummer bei:

«factum», Rosenberg, CH-9442 Berneck
«factum», Postfach 3207, D-8990 Lindau-Reutin
«factum», Postfach 108, A-6890 Lustenau